汽车前沿技术
科·普·系·列

图说

汽车
智能辅助驾驶技术

❖ 朱 波 谈东奎 胡旭东 等编著

U0313957

化学工业出版社
·北京·

内容简介

本书主要介绍了汽车智能辅助驾驶关键技术，包括环境感知技术、应急辅助技术、驾驶辅助技术、自动驾驶技术、智能网联与智能交通系统等，以图文并茂的形式，深入浅出、通俗易懂地介绍了相关技术的概念、结构、控制原理以及应用场景。本书内容翔实，理论与实践并重，可帮助读者快速了解汽车智能辅助驾驶技术的全貌。

本书可供相关领域研究人员、工程技术人员、高等院校相关专业的学生，以及对智能网联汽车、辅助驾驶感兴趣的各类人员阅读。

图书在版编目（CIP）数据

图说汽车智能辅助驾驶技术 / 朱波等编著 . —北京：
化学工业出版社，2023.4
（汽车前沿技术科普系列）
ISBN 978-7-122-42812-7

Ⅰ.①图…　Ⅱ.①朱…　Ⅲ.①汽车－驾驶系统－图解
Ⅳ.①U463.8-64

中国国家版本馆 CIP 数据核字（2023）第 016347 号

责任编辑：张海丽　黄　滢
责任校对：杜杏然
装帧设计：刘丽华

出版发行：化学工业出版社
　　　　　（北京市东城区青年湖南街 13 号　邮政编码 100011）
印　　装：北京缤索印刷有限公司
710mm×1000mm　1/16　印张 8¼　字数 145 千字
2023 年 4 月北京第 1 版第 1 次印刷

购书咨询：010-64518888　　　售后服务：010-64518899
网　　址：http://www.cip.com.cn
凡购买本书，如有缺损质量问题，本社销售中心负责调换。

定　　价：69.80 元　　　　　　　　　　　　版权所有　违者必究

智能驾驶是通过人工智能辅助或代替人进行汽车驾驶的行为，它可以弥补人类驾驶员可能存在的不足，大大提升驾驶安全性，并有效改善交通通行效率，是信息化与工业化融合的典型代表，并有可能成为人工智能首先突破的领域。智能驾驶将引领汽车产业商业模式创新，并重塑产业生态，成为第四次工业革命的时代标志。

近年来，经过大量的研究和相关技术的发展，智能驾驶所需的各种传感器、计算机的性能等方面取得了极大进步，成本也在逐步降低。目前，不少汽车智能驾驶辅助技术已被广泛应用，并在逐步提升其应用能力和操作权限，以便最终实现完全无人驾驶。

智能辅助驾驶是一个复杂的跨界交叉学科，涉及至少4个方面的专业背景知识：汽车专业、电子专业、信息专业和通信专业，其知识的广度与深度都发生了变化。为了使广大对智能辅助驾驶技术感兴趣的人群能快速、简洁地了解相关概念和技术原理，特编写了本书。

本书主要介绍了智能辅助驾驶的关键技术，包括环境感知技术、应急辅助技术、驾驶辅助技术、自动驾驶技术、智能网联与智能交通系统等，各章节循序渐进地介绍了相关技术的概念、基本原理和应用。

本书由合肥工业大学朱波副研究员、谈东奎助理研究员、胡旭东博士等人共同编写，具体分工如下：朱波负责总体策划和审稿，并编写了绪论；胡旭东负责统稿并编写了第1章；谈东奎负责审稿并编写了第2章；肖川洲编写了第3章；段望华编写了第4章；吴雪波编写了第5章。

智能辅助驾驶是一门新兴技术，目前尚处在蓬勃发展中，没有成系统的资料，再加上作者学识有限，书中难免存在不当之处，敬请读者给予指正，以便修订时改进。

编著者

目 录

绪　论

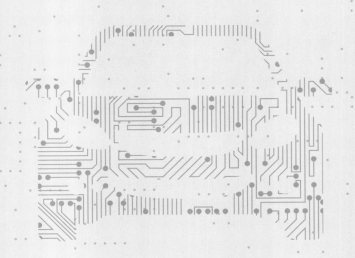

什么是汽车智能辅助驾驶系统?

汽车智能辅助驾驶系统(Advanced Driver Assistance System, ADAS),是指利用安装于车上的各种传感器,在第一时间收集车内外的环境数据,进行静、动态物体的辨识、侦测与追踪,并结合导航仪地图数据进行系统的运算与分析,从而预先让驾驶员察觉到可能发生的危险,有效增加汽车驾驶的舒适性和安全性的先进系统(图 0-1)。

图 0-1 汽车智能辅助驾驶系统示意

ADAS 采用的传感器主要有摄像头、毫米波雷达、激光雷达和超声波雷达等,可以探测行人、车辆、障碍物、交通标志或汽车自身的状态,通常位于车辆的前后保险杠、后视镜、驾驶舱内部或者挡风玻璃上。早期的 ADAS 技术主要以被动式报警为主,当车辆检测到潜在危险时,会发出警报提醒驾驶员注意异常的车辆或道路情况。对于最新的 ADAS 技术来说,主动式干预也很常见。目前常见的 ADAS 系统如图 0-2 所示。

智能驾驶与无人驾驶是不同的概念,智能驾驶更为宽泛,它指的是机器帮助人进行驾驶,以及在特殊情况下完全取代人驾驶的技术。在我们谈论智能驾驶时,经常会将"无人驾驶""自动驾驶"以及"驾驶辅助"三个词混淆,认为三者之间是可替代的关系。其实不然,它们分别代表了不同级别的自动驾驶技术,驾驶辅助 < 自动驾驶 < 无人驾驶。自动驾驶相比于驾驶辅助,对技术和车辆性能要求更严格,而高级别的完全自动驾驶技术被称为"无人驾驶"。

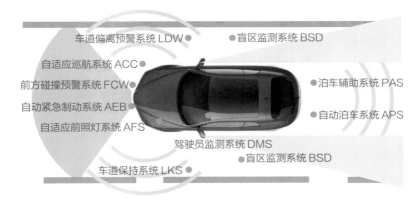

车道偏离预警系统 LDW ●　　●盲区监测系统 BSD

自适应巡航系统 ACC ●

前方碰撞预警系统 FCW ●　　●泊车辅助系统 PAS

自动紧急制动系统 AEB ●　　●自动泊车系统 APS

自适应前照灯系统 AFS ●

驾驶员监测系统 DMS

车道保持系统 LKS ●　　●盲区监测系统 BSD

图 0-2　常见的 ADAS 系统

智能辅助驾驶技术的基本要素

智能辅助驾驶技术一般包括环境感知、决策规划和车辆控制三大部分，如图 0-3 所示。

（1）**环境感知子系统**

类似于人类驾驶员在驾驶过程中通过视觉、听觉、触觉等感官系统感知行驶环境和车辆状态，自动驾驶系统通过配置内部传感器和外部传感器获取自身状态及周边环境信息。内部传感器主要包括车辆速度传感器、加速传感器、轮速传感器、横摆角速度传感器等；主流的外部传感器包括摄像头、激光雷达、毫米波雷达以及定位系统等，通过这些传感器提供海量的全方位行驶环境信息。不同传感器的测量精度、适用范围都有所不同，为有效利用这些传感器信息，需要利用传感器融合技术将多种传感器在空间和时间上的独立信息、互补信息以及冗余信息按照某种准则组合起来，从而提供对环境综合的准确理解。

（2）**决策规划子系统**

决策规划子系统代表了自动驾驶技术的认知层，包括决策和规划两个方面。决策体系定义了各部分之间的相互关系和功能分配，决定了车辆的安全行驶模式；规划部分用以生成安全、实时的无碰撞轨迹。

（3）**车辆控制子系统**

车辆控制子系统用以实现车辆的纵向车距、车速控制和横向车辆位置控制等功能，是车辆智能化的最终执行机构。

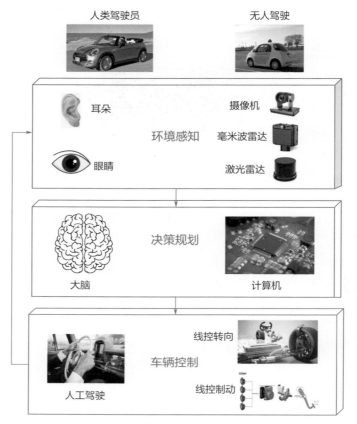

图 0-3　智能辅助驾驶技术的基本要素

　　"环境感知"和"决策规划"对应于自动驾驶系统的"智慧",而"车辆控制"则体现了其"能力"。

智能辅助驾驶技术的分级

　　2021 年 8 月 20 日,由工业和信息化部提出、全国汽车标准化技术委员会归口的 GB/T 40429—2021《汽车驾驶自动化分级》推荐性国家标准经国家市场监督管理总局、国家标准化管理委员会批准发布(国家标准公告 2021 年第 11 号文),并于 2022 年 3 月 1 日起实施。

　　在汽车驾驶自动化的 6 个等级之中(图 0-4),L0 ～ L2 级为驾驶辅助,

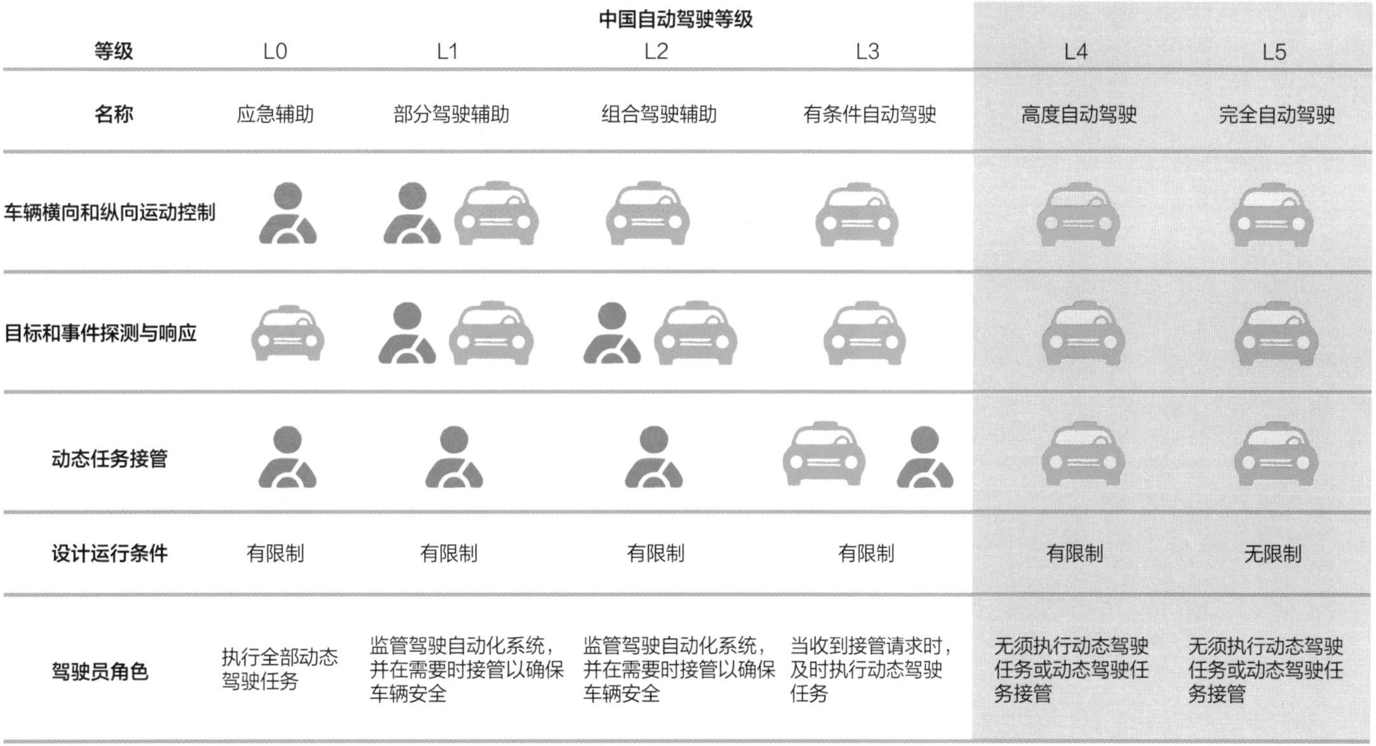

中国自动驾驶等级

等级	L0	L1	L2	L3	L4	L5
名称	应急辅助	部分驾驶辅助	组合驾驶辅助	有条件自动驾驶	高度自动驾驶	完全自动驾驶
车辆横向和纵向运动控制						
目标和事件探测与响应						
动态任务接管						
设计运行条件	有限制	有限制	有限制	有限制	有限制	无限制
驾驶员角色	执行全部动态驾驶任务	监管驾驶自动化系统，并在需要时接管以确保车辆安全	监管驾驶自动化系统，并在需要时接管以确保车辆安全	当收到接管请求时，及时执行动态驾驶任务	无须执行动态驾驶任务或动态驾驶任务接管	无须执行动态驾驶任务或动态驾驶任务接管

图0-4 汽车驾驶自动化分级

系统辅助人类执行动态驾驶任务，驾驶主体仍为驾驶员；L3～L5级为自动驾驶，系统在设计运行条件下代替人类执行动态驾驶任务，当功能激活时，驾驶主体是系统。

L0级驾驶自动化（应急辅助，Emergency Assistance）系统不能持续执行动态驾驶任务中的车辆横向或纵向运动控制，但具备持续执行动态驾驶任务中的部分目标和事件探测与响应的能力。

L1级驾驶自动化（部分驾驶辅助，Partial Driver Assistance）系统在其设计运行条件下持续地执行动态驾驶任务中的车辆横向或纵向运动控制，且具备与所执行的车辆横向或纵向运动控制相适应的部分目标和事件探测与响应的能力。

L2级驾驶自动化（组合驾驶辅助，Combined Driver Assistance）系统在其设计运行条件下持续地执行动态驾驶任务中的车辆横向和纵向运动控制，且具备与所执行的车辆横向和纵向运动控制相适应的部分目标和事件探测与响应的能力。

L3级驾驶自动化（有条件自动驾驶，Conditionally Automated Driving）系统在其设计运行条件下持续地执行全部动态驾驶任务。

L4级驾驶自动化（高度自动驾驶，Highly Automated Driving）系统在其设计运行条件下持续地执行全部动态驾驶任务并自动执行最小风险策略。

L5级驾驶自动化（完全自动驾驶，Fully Automated Driving）系统在任何可行驶条件下持续地执行全部动态驾驶任务并自动执行最小风险策略。

智能驾驶技术的发展现状和趋势

智能驾驶技术是新一轮科技革命背景下的新兴技术，集中运用了现代传感技术、信息与通信技术、自动控制技术、计算机技术和人工智能等技术，代表着未来汽车技术的战略制高点，是汽车产业转型升级的关键，也是目前世界公认的汽车产业发展方向。智能汽车在减少交通事故、缓解交通拥堵、提高道路及车辆利用率等方面具有巨大潜能。

（1）减少交通事故及人员伤亡

目前，交通事故中人为因素占有较高比重，如驾驶员酒驾、超速、疲劳驾驶、操作失误等。智能汽车可以通过车载系统全方位查看路况，对驾驶路线、速度等有着更准确的判断，并可根据实际路况及时调整驾驶方案。智能驾驶系统不会受到人类驾驶员的生理因素限制，因此可有效降低发生交通事故和人员伤亡的概率。

（2）缓解交通压力

智能驾驶系统对于即时路况等信息的掌握要比人类驾驶员更加及时、准确，可以通过车辆的传感器和网络，接收附近相关交通信息，从而对巡航的速度进行调整，车辆的平均行驶速度可以定得更高，车辆之间的安全距离可以降低，从而让道路的容量得以提升，减少交通拥堵的情况。在此基础上，可有效降低交通部门对道路和交通流的管理压力。此外，道路拥堵减少和车速增加能够进一步节约车辆行驶的能源消耗。

（3）降低驾驶员的门槛

申请传统汽车驾驶证的过程中，相关部门对驾驶员的年龄、身体状况等提出较为严格的要求，如低龄、超龄人士是不允许申请驾驶证的，残障人士则要进行多方面的评估。智能汽车的出现，则可大大降低汽车驾驶的申请门槛，申请人只要能够通过智能驾驶系统的操作培训，即可获得驾驶证。

（4）助推产业发展

传统车企和互联网巨头对智能驾驶领域的关注度提升可带来资本利好，资本不断涌入，将有效助推智能驾驶产业积极发展，有利于汽车产业转型升级，构建汽车和交通服务新模式新业态，促进自动驾驶技术的创新和应用。

然而，智能驾驶应用需要较多限定条件，当前交通法规并不完全适用于智能汽车。智能汽车的运行是在有限的条件下完成的，与人类驾驶相比，智能驾驶的应变能力较为欠缺，对极端环境的适应能力有待提高。例如，恶劣天气可能会破坏车顶的传感器，智能汽车目前还无法识别积雪的道路，也无法识别交通警察所发出的交通信号，等等，这些关键问题都需要技术供应商提出具体的解决方案。

此外，智能驾驶还存在信息安全问题。汽车智能化程度提升的同时，其漏洞数量也会随着软硬件复杂度的提升而增加。黑客入侵不仅会导致车主隐私泄露，甚至可以直接控制汽车运行乃至引起交通事故的发生，造成人身伤害。

汽车驾驶智能化是全球汽车技术及产业的重要发展趋势，在为人们提供更加安全、舒适以及顺畅的出行方式与交通解决方案的同时，不断与人工智能、信息通信、智慧城市与交通等技术深度融合，正在重塑汽车及相关产业的生态体系和价值链体系。

第 1 章

环境感知技术

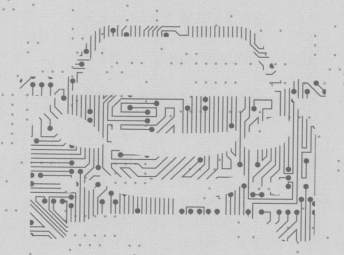

智能网联汽车通过各种传感器"感受"外界环境，探测道路、车辆、行人、障碍物甚至是自身，从而获得大量的数据，如车道线的位置、前方车辆或行人的位置和速度等，这些为实现自动驾驶奠定了基础。高性能的传感器能探测出精度非常高的感知数据，但是往往成本也非常高昂，如 128 线的激光雷达。通常，我们会将许多种低成本传感器进行组合，经过融合后最终同样也能得到精度较高的感知数据。图 1-1 所示为目前主流的高级别智能网联汽车传感器配置方案。

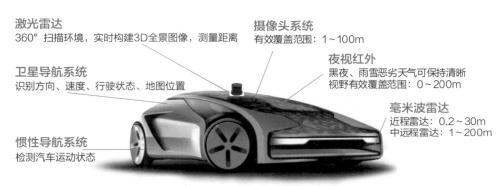

激光雷达
360°扫描环境，实时构建3D全景图像，测量距离

摄像头系统
有效覆盖范围：1～100m

夜视红外
黑夜、雨雪恶劣天气可保持清晰
视野有效覆盖范围：0～200m

卫星导航系统
识别方向、速度、行驶状态、地图位置

毫米波雷达
近程雷达：0.2～30m
中远程雷达：1～200m

惯性导航系统
检测汽车运动状态

高精度地图
与卫星导航系统配合可实现精确定位和路径规划

图 1-1　目前智能网联汽车传感器配置方案

除此之外，每种传感器也都存在自己的短板，只依赖一种传感器的感知数据很难适应不同的使用环境。例如，激光雷达虽然感知精度很高，但是却无法在恶劣天气条件下正常工作，而毫米波雷达虽然感知精度没有激光雷达那么高，却能适应各种雨雪天气。

1.1　超声波雷达

超声波雷达（图 1-2）是一种利用超声波来测量与障碍物之间距离的雷达传感器，是目前汽车上较常见的传感器之一，在短距离的测量中具有非常大的优势。超声波雷达防水、防尘，即使有少量的泥沙遮挡也不影响它正常工作，它的探测范围为 0.1 ～ 5m，并且探测精度也较高。

图 1-2　超声波雷达

　　超声波传播速率跟声波一样，在空气中都是 340m/s 左右，频率一般高于 20kHz，在空气中波长一般短于 2cm，因为频率超出了人耳的听觉范围，所以被称为超声。

　　超声波用于测距和定位的原理，类似于蝙蝠在夜间飞行所具备的技能。蝙蝠以脉冲形式发射超声波，通过接收反射的回波进行回声定位，如图 1-3 所示。这种回波定位的基本原理，不管是激光、毫米波、超声波都适用，一般都统称为雷达。

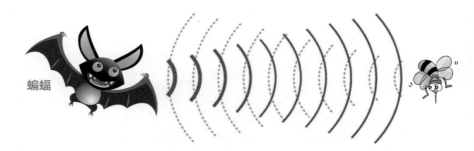

蝙蝠

超声波(声音)在空气中的传播速度约340m/s，从超声波发射到接收反射回来的超声波传播时间间隔为T(s)，那么可以计算出距离$L=T\times 340/2$(m)。

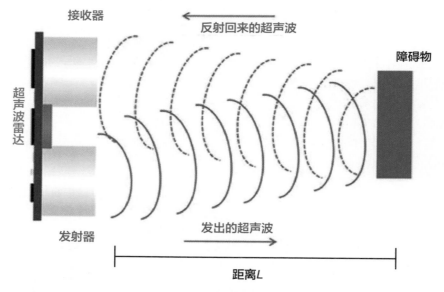

接收器

反射回来的超声波

障碍物

超声波雷达

发射器

发出的超声波

距离L

图1-3　超声波测距和定位的原理

目前，超声波雷达主要作为倒车雷达使用，一般被安装在汽车的前后保险杠上，或隐藏在保险杠的某个位置，如图1-4所示。在倒车入库的过程中，随着汽车的慢慢挪动，驾驶员在驾驶室内能听到"嘀嘀嘀"的声音，汽车距离障碍物越近时，声音越急促，这些声音就是根据超声波雷达检测的距离反馈给驾驶员的信息。

图1-4　倒车雷达

超声波雷达除了被用作倒车雷达，还可以用于自动泊车时感知空余车位，由此可以将超声波雷达分为超声波驻车辅助传感器（Ultrasonic Parking Assistant，UPA）和自动泊车辅助传感器（Automatic Parking Assistant，APA）两种类型。

❶ UPA，探测距离较短，一般为 15～250cm，但是频率较高，可以达到58kHz，精度也较高，通常被安装在汽车前后保险杠上，用于测量汽车与前后障碍物之间的距离。

❷ APA，探测距离较长，一般为 30～500cm，但是频率较低，大约为40kHz，精度略低，通常被安装在汽车侧面，用于测量侧方障碍物与汽车之间的距离。

一套倒车雷达系统往往需要在汽车后保险杠处配备 4 个 UPA 超声波雷达，而自动泊车系统需要在倒车雷达系统的基础上，增加 4 个 UPA 超声波雷达和4 个 APA 超声波雷达，构成前 4（UPA）、侧 4（APA）、后 4（UPA）的布置格局，如图 1-5 所示。

泊车位识别中使用的超声波雷达安装在车辆侧面，车辆在行驶过程中实时检测与侧方障碍物的距离，利用侧方障碍物距离的跳变判断车位边缘。

车位边缘判断的基本原则是：如果当前时刻的距离值大于前一时刻的距离

图 1-5 自动泊车系统超声波雷达布置图

值，且差值的绝对值大于设定的上边缘检测阈值，则判断上边缘检测成功，并记录下车辆所在的位置，车辆继续前进；如果当前时刻的距离值小于前一时刻的距离值，且差值的绝对值大于设定的下边缘检测阈值，则判断下边缘检测成功，并记录下车辆所在的位置，如图 1-6 所示。

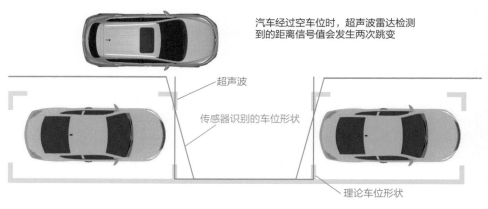

图 1-6 自动泊车边缘检测示意图

完成车位边缘检测后，利用超声波雷达探测到的跳变值和位置，就可以计算出车位的宽度和深度，并将其与约束条件进行对比，满足约束条件则认为检测到车位。

1.2 视觉传感器

视觉传感器是利用光学元件和成像装置来获取外部环境信息的仪器，它们输出的是各种图像数据，通常我们称之为摄像头（图1-7）。

车载摄像头是自动驾驶最重要的传感器之一，它主要由镜头、感光元件（CMOS）、PCBA线路板基板等组成，如图1-8所示。

图1-7　摄像头

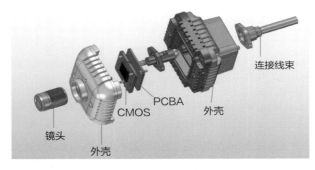

图1-8　摄像头结构

镜头主要用来聚集光线，把远处的景物投射到感光元件表面。有的摄像头采用了由多层玻璃组合的镜头，可以达到更好的成像效果。感光元件将镜头投射到表面的图像（光信号）转换为电信号。PCBA线路板基板再将电信号传输到后端，用于自动驾驶的感知。自动驾驶程序会利用图像滤波与增强、灰度化、自适应二值化、深度学习等算法对这些信号进行处理。这样，汽车就可以通过相机采集的图像信息实现对周围环境的感知，如识别周围的车辆、行人、障碍物等目标，检测车道线、交通标志、红绿灯等。

自动驾驶汽车的摄像头与普通摄像头最大的区别就是：车规级。它代表着更加严格的性能要求，因为汽车产品会经常遭遇一些极端环境，如高温、严寒等。车规要求汽车的零部件在这些极端环境下也能够使用。

摄像头按照安装位置可以分为前视摄像头、侧视摄像头、后视摄像头、内置摄像头和环视摄像头等，如图1-9所示，不同安装位置的摄像头有着不同的用途。

前视摄像头：一般是自动驾驶的主摄像头，通常安装在汽车前挡风玻璃的上方，主要用于识别车辆、行人、障碍物等目标，以及检测车道线、路肩、交通信号灯、交通标识牌和可行驶区域等。前视摄像头图像如图1-10所示。

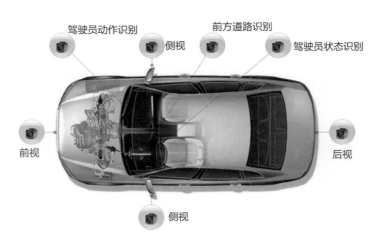

图 1-9　车载摄像头安装位置

图 1-10　前视摄像头图像

　　侧视摄像头：侧视摄像头一般有三个安装位置，分别是后视镜、车辆 B 柱和车辆后方翼子板处，它们主要用于侧向目标的识别和盲区监测等。侧视摄像头图像如图 1-11 所示。

　　后视摄像头：一般安装在车辆后侧，主要用于实现泊车辅助功能。后视摄像头图像如图 1-12 所示。

　　环视摄像头：一般安装在车身四周，通常使用 4 ～ 8 个鱼眼摄像头，经过图像的拼接后，再传输到车载显示器上形成虚拟的实时鸟瞰图，可以用于车位检测、360°全景影像、辅助泊车等。360°全景环视图像如图 1-13 所示。

图1-11 侧视摄像头图像

图1-12 后视摄像头图像

图1-13 360°全景环视图像

内置摄像头：常见的安装位置有车辆 A 柱内侧、方向盘、后视镜等，主要用于车内宠物、婴儿监测，驾驶员疲劳监测，手势识别等。内置摄像头图像如图 1-14 所示。

图 1-14　内置摄像头图像

目前，带有 ADAS 和自动驾驶功能的汽车，大多配备七八个甚至十几个摄像头。例如，特斯拉的 Model 3 车型，全车就配备了 8 个摄像头（图 1-15），用于实现上述的各种功能。

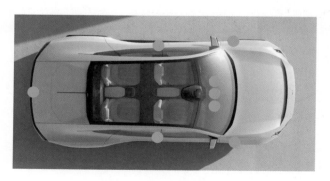

图 1-15　特斯拉摄像头分布图

视觉传感器技术成熟、价格便宜，尤其是相较于目前市场上动辄上万的激光雷达来说，以摄像头为主的视觉方案是自动驾驶汽车量产的首选。其次，摄像头所采集的图像信息包含丰富的色彩、纹理、轮廓、亮度信息，这些是激光雷达、毫米波雷达等传感器无法比拟的。例如，红绿灯监测、交通标志识别就只能通过视觉传感器来实现。

虽然视觉传感器有很多优点，但是它是一种被动式传感器，对光照变化十分敏感。在雨雾、黑夜等天气下，视觉传感器的成像质量会大幅度下降，使得感知算法很难实现物体的准确检测识别。此外，作为一个被动式传感器，视觉传感器在测距、测速方面的性能不如激光雷达和毫米波雷达。

视觉传感器在自动驾驶汽车上有着广泛的应用，如车道线检测、障碍物检测、驾驶员人脸识别等。

（1）车道线检测

传统基于视觉传感器的车道线检测方法，利用车道线与道路之间的物理结构差异，对图像进行分割和处理，突出道路特征，实现车道线检测，如图1-16所示。在车道图像中，路面与车道线交汇处的灰度值变化剧烈，利用边缘增强算子突出图像的局部边缘，定义像素的边缘强度，设置阈值方法提取边缘点。此外，基于深度学习的方法可构建专门的深层神经网络，并利用数据集不断对其进行训练，最终实现对车道的检测。

图1-16　传统基于视觉传感器的车道线检测方法

（2）障碍物检测

道路上障碍物主要分为两类：一类指行人、车辆、交通标识等；另一类指石头、塑料袋等非常规物体。基于视觉传感器的障碍物检测主要有传统机器视觉算法检测与基于深度卷积神经网络检测两种。传统机器视觉算法检测是早期视觉障碍物检测的研究重点，主要步骤分为四步：

❶ 输入待检测图像，并进行相关的预处理；

❷ 使用滑动窗口方法获取候选框；

❸ 从每个候选框中提取特征信息；

❹ 使用分类器进行判定。

随着计算机运算能力的提升，近年来基于深度卷积神经网络的障碍物检测方法逐渐成为该领域的研究重点，涌现出了多种障碍物检测的深度学习网络模型，其障碍物检测准确率也有着更好的表现。

基于视觉传感器的前方车辆信息检测方法如图 1-17 所示。

第一步：根据摄像头采集的图像，利用检测算法定位前方目标（车辆、行人等）的具体位置并提供大致轮廓。这个阶段误差较大。

第二步：基于物体的位置和轮廓，利用分类算法对目标进行精确识别，同时利用回归算法对其进行特征点定位，进而得到目标紧致的轮廓信息。

第三步：利用连续帧图像内容，排除交叉关系和周边环境的干扰，得到障碍物（车辆）的信息。

图 1-17　基于视觉传感器的前方车辆信息检测方法

1.3 毫米波雷达

毫米波雷达（图1-18）是一种利用毫米波波段的电磁波进行探测的雷达，通常毫米波是指 30～300GHz 频域（波长为 1～10mm）的波。毫米波的波长介于微波和厘米波之间，因此毫米波雷达兼有微波雷达和光电雷达的一些优点。

图 1-18　毫米波雷达

同厘米波雷达相比，毫米波雷达具有体积小、重量轻和空间分辨率高的特点。与红外光、激光等光学雷达相比，毫米波雷达穿透雾、烟、灰尘的能力更强，具备全天候全天时工作的能力。此外，毫米波雷达还能分辨很小的目标，而且能同时识别多个目标。

毫米波雷达主要由收发天线、前端收发组件、信号处理器三个部分组成，如图 1-19 所示。

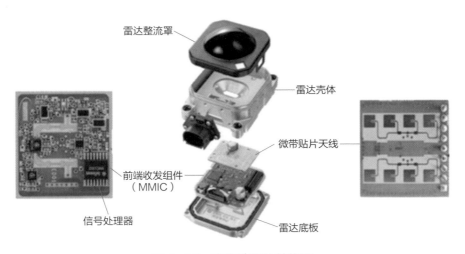

雷达整流罩

雷达壳体

微带贴片天线

前端收发组件（MMIC）

信号处理器

雷达底板

图 1-19　毫米波雷达结构图

天线主要用于发射和接收毫米波。由于毫米波波长只有几个毫米，而当天线长度为波长的 1/4 时，天线的发射和接收转换效率最高，因此毫米波雷达的天线尺寸可以做得很小，同时还可以使用多根天线来构成阵列。目前，主流天线方案是采用微带阵列，即在印刷电路 PCB 板上铺设微带线，形成"微带贴片天线"，以满足低成本和小体积的需求。

前端收发组件是毫米波雷达的核心部分，主要负责毫米波信号的调制、发射、接收以及回波信号的解调。收发组件包含了放大器、振荡器、开关、混频器等多个电子元器件，常采用单片微波集成电路（MMIC），属于半导体集成电路的一种，能降低系统尺寸、功率和成本，还能嵌入更多的功能。

在信号处理器芯片中嵌入不同的算法，对毫米波雷达信号进行处理，实现对探测目标的识别与分类。通常，信号处理器集成在前端收发组件上。

毫米波雷达的基本工作原理是利用高频电路产生特定调制频率的电磁波，并通过天线发送电磁波和接收从目标反射回来的电磁波，通过发送和接收电磁波的参数来计算目标的各个参数，如图 1-20 所示。毫米波雷达可以同时对多个目标进行测距、测速以及方位测量。

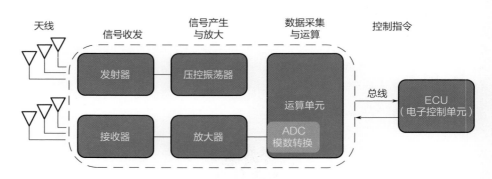

图 1-20　毫米波雷达基本工作原理示意图

测距原理：给目标连续发送毫米波信号，然后接收从物体返回的毫米波，通过探测毫米波的飞行（往返）时间来得到雷达与目标的距离。

测速原理：根据多普勒效应，通过计算返回接收天线的毫米波频率变化，就可以得到目标相对于雷达的运动速度。

测方位角原理：通过并列的接收天线收到同一目标反射回来的毫米波相位差，就可以计算得到目标的方位角。

车载毫米波雷达主要采用 24GHz 和 77GHz 这 2 个频段，如图 1-21 所示。24GHz 雷达主要用来进行近程和中程探测，如用于汽车盲点探测、变道辅助和泊车辅助等。77GHz 雷达的探测距离较远，可用于自动紧急制动、自适应巡航、前向碰撞预警等主动安全领域。77GHz 的波长是 3.9mm，是真正意义上的毫米波，也可以实现短距离和中短距离的汽车应用，正逐步取代 24GHz，成为汽车领域主流的毫米波传感器。

图 1-21　24GHz 和 77GHz 毫米波雷达

　　为了满足不同距离范围的探测需要，一辆汽车上会安装多个短程（SRR）、中程（MRR）和远程（LRR）毫米波雷达？例如，奔驰 S 级轿车搭载 7 个毫米波雷达，包括 6 个短程雷达和 1 个远程雷达，分别安装在汽车不同部位，以实现泊车辅助、主动巡航控制、制动辅助等功能，如图 1-22 所示。

　　相较于其他传感器，毫米波雷达探测距离远，传输时大气衰减和损耗低，穿透性强，可以满足车辆对各种天气气候的适应性要求。并且，由于毫米波本身的特性，决定了毫米波雷达传感器器件具有尺寸小、重量轻等特性。毫米波雷达很好地弥补了摄像头、激光雷达、超声波雷达、红外传感器等其他传感器在车载应用中所不具备的使用场景。

　　在实际行驶过程中，受到车辆颠簸、雷达系统不稳定性、道路中其他干扰物的影响，毫米波雷达有可能出现误检测、丢失目标的情况。因此，需要对毫米波雷达的信号进行处理，筛选出有效目标，并对目标进行跟踪。

　　在自适应巡航（ACC）、自动紧急制动（AEB）等使用工况下，需要根据目标与本车的横向距离对毫米波雷达探测到的目标进行筛选，只保留与本车同车道中的目标信号。然后，还需要使用卡尔曼滤波等方法对目标的运动状态进行

图 1-22　奔驰 S 级轿车毫米波雷达分布

预测，对预测值和毫米波雷达探测到的值进行一致性检查。最后，采用有效目标生命周期法更新各个目标的状态，判断目标是否丢失、是否有新目标出现或目标是否被持续跟踪。

1.4　激光雷达

　　激光雷达（LiDAR）是当前正在改变世界的传感器，它广泛应用于自动驾驶汽车、无人机、自主机器人、卫星、火箭等。激光雷达通过测定传感器发射器与目标物体之间的传播距离，分析目标物体表面的反射能量大小，反射波谱的幅度、频率和相位等信息，输出点云，从而呈现出目标物精确的三维结构信息。

　　激光雷达的关键部件由扫描系统、激光发射、激光接收与信号处理四个部分组成，如图 1-23 所示。

　　激光雷达的分类方式有很多种，首先按激光雷达扫描线束数量的多少，可分为单线束激光雷达（图 1-24）与多线束激光雷达（图 1-25）。

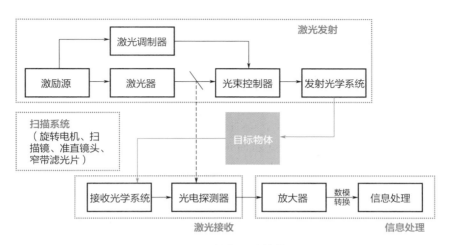

图1-23 激光雷达结构图

图1-24 单线束激光雷达

HDL-64E   HDL-32E   VLP-16

图1-25 多线束激光雷达

顾名思义，单线束激光雷达扫描一次只产生一条扫描线，其所获得的数据为 2D 数据，如图 1-26 所示，因此无法区别有关目标物体的 3D 信息。

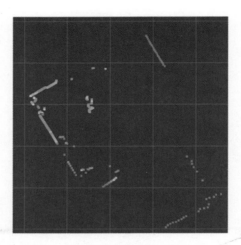

图 1-26　单线束激光雷达点云

多线束激光雷达扫描一次可产生多条扫描线，如图 1-27 所示。目前，市场上多线束激光雷达产品包括 4 线束、8 线束、16 线束、32 线束、64 线束、128 线束等，其又可细分为 2.5D LiDAR 及 3D LiDAR。2.5D LiDAR 与 3D LiDAR 最大的区别在于 LiDAR 垂直视野的范围，前者垂直视野范围一般不超过 10°，而后者可达到 30°甚至 40°以上。

图 1-27　多线束激光雷达点云

除此之外，按照激光雷达有无机械旋转部件，还可以将其分成机械式激光雷达、混合固态激光雷达、全固态激光雷达。激光雷达的固态主要跟激光发射装置是否存在机械旋转部件有关，固态激光雷达中是没有机械旋转部件的，取而代之的是利用电子部件来实现发射激光束的转动。

机械式激光雷达通过不断旋转发射头，将速度更快、发射更准的激光束从"线"变成"面"，并可在竖直方向上排布多束激光（即 32 线或 64 线等），形成多个面，达到动态 3D 扫描的目的，如图 1-28 所示。

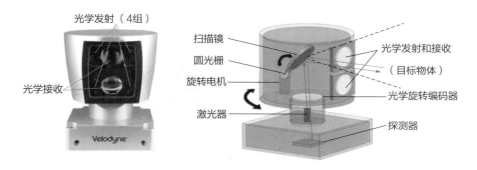

图 1-28 机械式激光雷达原理图

混合固态激光雷达外形上不存在可见的旋转部件，但是为了做到 360°全视角，其内部实际上仍然存在一些机械旋转部件，只是这套机械旋转部件做得非常小巧，可以内藏而已。其工作原理如图 1-29 所示。

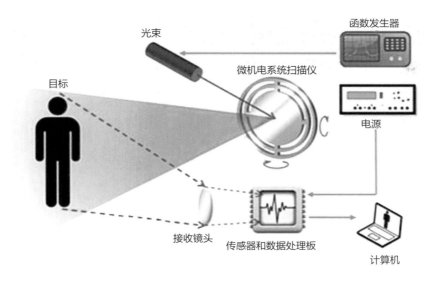

图 1-29 混合固态激光雷达原理图

理论上来说，全固态激光雷达（图1-30）是完全没有移动部件的雷达，无论是宏观还是微观尺度上都没有可动部件或振动部件。

图 1-30 全固态激光雷达

全固态激光雷达的焦平面上排列着感光元件阵列，从无限远处发射的红外线经过光学系统成像在焦平面的这些感光元件上，探测器将接收到的光信号转换为电信号并进行积分放大、采样保持，通过输出缓冲和多路传输系统，最终送达监视系统形成图像。全固态激光雷达点云如图1-31所示。

图 1-31 全固态激光雷达点云

目前，市面上现有的全固态激光雷达产品很难同时满足其该有的特性（可靠性强、成本低及测距远），这也决定了全固态激光雷达在短时间内很难被量产。虽然固态化、小型化、低成本化将是未来激光雷达的发展趋势，但目前机械式激光雷达仍是主流。

　　基于激光雷达的高探测精度，激光雷达被广泛应用于各类目标的检测与识别，以及进行同步定位与地图构建（Simultaneous Localization and Mapping, SLAM）。

　　基于传统方法的激光雷达三维点云目标检测技术已经比较成熟。传统的方法是针对特定任务和场景，通过人工设计的特征，做出特定的假设，最终得到的效果也比较稳定。传统方法的点云目标识别流程较为复杂，从点云接收到输出目标整个流程涉及多个环节与算法。

　　SLAM 的主要作用是让机器人在未知的环境中完成定位（Localization）、建图（Mapping）和路径规划（Navigation）。目前，SLAM 技术被广泛运用于机器人、无人机、无人驾驶、AR、VR 等领域，依靠传感器可实现机器的自主定位、建图、路径规划等功能。

　　SLAM 问题基本上可以分为前端和后端两个部分。前端主要处理传感器获取的数据，并将其转化为相对位姿或其他机器人可以理解的形式；后端则主要处理最优后验估计的问题，即位姿、地图等的最优估计。

　　SLAM 包含了感知、定位、建图这三个过程。

　　感知——能够通过传感器获取周围的环境信息。

　　定位——通过传感器获取当前和历史信息，推测出自身的位置和姿态。

　　建图——根据自身的位姿以及传感器获取的信息，描绘出自身所处环境的样貌（图 1-32）。

图 1-32　SLAM 建图

1.5 卫星导航系统

全球卫星导航系统（Global Navigation Satellite System，GNSS）是一种能在地球表面或近地空间的任何地点为用户提供全天候的三维坐标、速度以及时间信息的空基无线电导航定位系统。

全球共有 4 大卫星导航系统供应商，包括美国的全球定位系统（GPS）、俄罗斯的格洛纳斯卫星导航系统（GLONASS）、欧盟的伽利略卫星导航系统（GALILEO）和中国的北斗卫星导航系统（BDS），如图 1-33 所示。

图 1-33　卫星导航系统供应商

其中，GPS 是世界上第一个建立并用于导航定位的全球系统；GLONASS 经历快速复苏后已成为全球第二大卫星导航系统；GALILEO 是第一个完全民用的卫星导航系统，正在试验阶段；BDS 是中国自主建设运行的全球卫星导航系统，为全球用户提供全天候、全天时、高精度的定位、导航和授时服务，并具有短报文通信能力。北斗卫星导航系统由空间段、地面段和用户段三部分构成。2000 年底，建成北斗一号系统，向中国提供服务；2012 年底，建成北斗二号系统，向亚太地区提供服务；2020 年，建成北斗三号系统，向全球提供服务。

（1）GNSS 构成

GNSS 主要由空间卫星星座、地面控制站和接收机三部分组成，如图 1-34 所示。

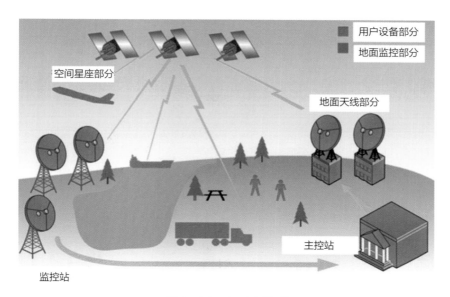

用户设备部分
地面监控部分
空间星座部分
地面天线部分
主控站
监控站

图 1-34　GNSS 构成

　　空间卫星星座是指运行在太空不同轨道上的卫星（图 1-35），每颗卫星覆盖地面上一定区域，一定数量的卫星按照一定的规则分布便能覆盖整个地球。卫星一方面生成及发射卫星信号给接收机，另一方面接收地面控制站发射的信号进行自身控制。

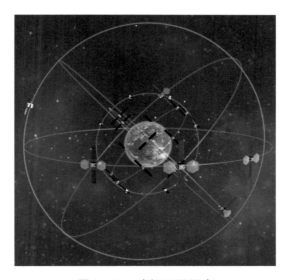

图 1-35　空间卫星星座

地面控制站起着控制卫星运行、保障天地通信的重要作用，是 GNSS 可以稳定运行与提供可靠服务的幕后关键。按实现功能不同，地面控制站主要分为监控站、主控站和注入站三个部分，如图 1-36 所示。

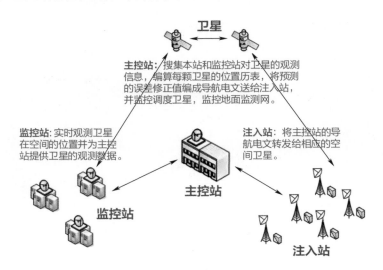

主控站：搜集本站和监控站对卫星的观测信息，编算每颗卫星的位置历表，将预测的误差修正值编成导航电文送给注入站，并监控调度卫星，监测地面监测网。

监控站：实时观测卫星在空间的位置并为主控站提供卫星的观测数据。

注入站：将主控站的导航电文转发给相应的空间卫星。

图 1-36 地面控制站

监控站是自动化的数据采集中心，采集的数据主要包括与视场中卫星之间的伪距值、气象数据（气温、气压、相对湿度等），并进行初步处理后将其发送给主控站。

主控站是地面控制站的核心部分，既要负责收集监控站的数据，计算出需要发回卫星的数据，又要监控卫星状态，并及时向卫星发送控制指令，还要管理、协调地面控制站各部分的工作。

注入站负责将主控站计算出来的卫星所需数据（卫星星历、时钟钟差、控制指令等）按照一定的格式经由大口径发射天线写入卫星中。

接收机是用户与 GNSS 接触最紧密的部分，其存在形态也千差万别，既有藏在手机内部的普通导航型接收机，也有自动驾驶领域使用的高精度接收机。接收机通过对卫星载波信号进行接收、处理、解算，从而实现定位、导航和授时的功能。

（2）差分定位

针对定位误差，基于当前的技术水平，有些误差我们无能为力，但有些误差我们可以通过建模及估计方法进行消除或削弱。在消除或削弱误差的各种方法中，差分定位方法是其中应用最为广泛的。

差分定位是由基准站计算并发射差分数据，接收机收到差分数据后对其测量结果进行修正，以获得精确的定位结果。差分定位的通信链路示意图如图 1-37 所示。

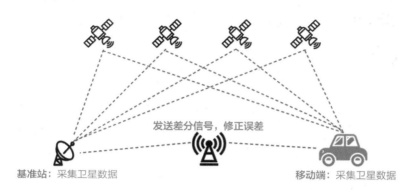

图 1-37　差分定位的通信链路

位置差分是一种比较简单的差分定位方法。基准站一方面已知自己的精准三维坐标，另一方面通过接收卫星信号，可以解算出另一个三维坐标。基准站计算两个三维坐标之间的误差，并将此误差数据作为差分数据，通过无线网络发射出去，接收机收到此差分数据后进行自身三维坐标的修正。

由上可知，位置差分方法中的差分数据是三维坐标层面的误差。使用此方法时需要一定半径范围内的接收机观测并使用与基准站相同的一组卫星，且接收机的定位精度将随离基准站的距离增加而降低。

1.6　车联网

车联网（Internet of Vehicles，IoV）概念引申自物联网（Internet of Things，IoT），是以车内网、车际网和车载移动互联网为基础，按照约定的通信协议和数据交互标准，在车 -X（X：车、路、行人及互联网等）之间进行无线通信和信息交换的大系统网络，是能够实现智能化交通管理、智能动态信息服务和车辆智能化控制的一体化网络，是物联网技术在交通系统领域的典型应用。

简单来说，车联网就是把车与车（Vehicle to Vehicle，V2V）、车与行人（Vehicle to Pedestrian，V2P）、车与路（Vehicle to Road，V2R）、车与基础设施（信号灯等）（Vehicle to Infrastructure，V2I）、车与网络（Vehicle to Network，V2N）、车与云

（Vehicle to Cloud，V2C）连接在一起，如图 1-38 所示。因此，可将其统称为 V2X（X 代表 everything，任何事物）。

图 1-38　车联网示意图

　　一辆汽车包括很多的部件，如空调、音响、摄像头、发动机、轮胎等，这些部件都可以信息化、数字化。通过安装传感器，可以产生描述各种部件状态的数据，如轮胎可以安装胎压传感器，产生胎压数据，监控轮胎的状态。有了数据，就需要进行传输，将车内各个部件的数据传递给这辆车的控制器，这种网络称之为"车内网"（图 1-39）。

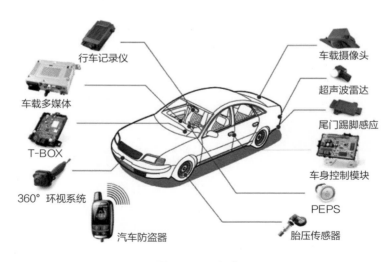

图 1-39　车内网

如果车辆本身没有对外进行通信的能力，那么"车内网"就是一个局域网，一座孤岛，于是就要想办法让车辆具备足够强大的外部通信能力。目前，车联网有两种技术解决方案，包括 IEEE 主导的专用短程通信（Dedicated Short Range Communications，DSRC）技术解决方案和 3GPP 主导的 LTE-V 技术解决方案。

DSRC 是一种高效的无线通信技术，由车载单元（On Board Unit，OBU）、路侧单元（Road Side Unit，RSU）和控制中心等组成，如图 1-40 所示，可以实现对特定范围内高速移动车辆的识别和实时数据传输。DSRC 技术其实就类似于在道路边上装 Wi-Fi，让车辆通过这个 Wi-Fi 进行通信。

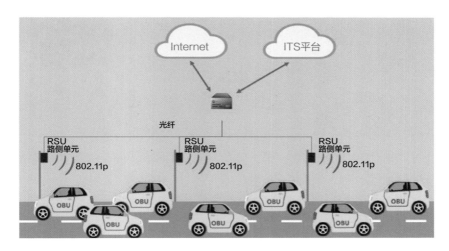

图 1-40　DSRC 的工作原理

DSRC 是 1992 年美国材料试验学会（American Society for Testing Materials，ASTM）针对 ETC 业务而提出来的，后来经过不断完善，变成了 IEEE 的车联网通信技术标准。在很长一段时间里，DSRC 都是欧美国家的主流车联网通信技术，现在也仍然有很多国家以它为标准。

DSRC 的优势在于技术成熟，能够保证低延时和安全可靠性，能够满足自动驾驶汽车对网联通信系统稳定性和实时性的要求，但也存在覆盖范围小、传输速率低、易受建筑物遮挡、处理数据较慢、建设成本较高等不足。

LTE-V 是一种基于现有蜂窝移动通信（3G/4G），也就是我们使用的手机通信，进行车联网通信的无线通信技术，其工作原理如图 1-41 所示。按照通信方式可将其分为集中式（LTE-V-Cell）和分布式（LTE-V-Direct）两种。LTE-V-Cell 以基站为分布中心，需要现有蜂窝网络支持，具有通信带宽大、覆盖广等特点，能够实现远距离通信；LTE-V-Direct 独立于蜂窝网络，支持车辆与周边环境节点（含其他车辆）直接通信，具有低时延、高可靠的优势。

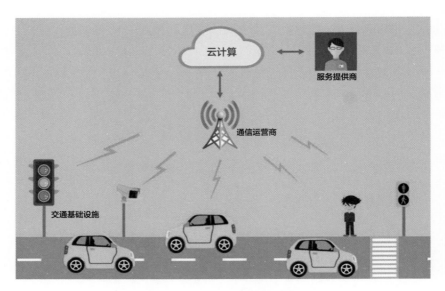

图 1-41　LTE-V 的工作原理

　　LTE-V 依托现有的 LTE 基站，避免了重复建设，而且工作距离远比 DSRC 大，提供了更大的带宽、更高的传输速率、更大的覆盖范围。

　　LTE-V 起步较晚，但已形成可运营的完整网络体系，能够在高频段（5.9GHz）、高车速（250km/h）、大车流量等环境下提供可靠的通信能力，且在大容量、低时延、抗干扰和可管理等方面更为成熟，部署成本较低，可重复利用既有蜂窝网络的基础设施，覆盖范围广，可扩展至数百米的非视距范围。

　　借助 LTE-V 的能力，汽车和各种交通基础设施（如信号灯）全部接入网络，由强大的云计算系统分析整个城市的交通流量、拥堵状况，对所有道路车辆进行路径规划，辅以交通调度就可以高效提升城市运力，同时还会大幅降低交通事故的发生概率。基于车联网技术构建的"城市大脑"，其实就是在朝这个方向努力。

　　基于车路协同的环境感知建立在如雷达、摄像头等传感器以及高精度定位等现有感知手段基础上，并利用车联网低延迟、高带宽的特性与网络切片和边缘计算等技术进行优化升级，从而使车路协同系统可以满足全息交通管理应用的各种场景，并为无人驾驶提供有效的路侧数据支持，使车辆达到全领域、全天候的高精度和高时效感知。

如图 1-42 所示场景为城市交叉口路段，车辆左转弯因视角或障碍物遮挡等原因对左侧道路上的行人或车辆感知能力有限，而路边设施对路口感知能力更佳，此时路侧摄像头或雷达等设备具有良好的感知效果，并通过信息采集和边缘计算单元（RSS）将感知信息发给 V2X 的云端服务器，再由服务器经路侧单元（RSU）转发至车辆车载终端（OBU），使车辆可与路侧设备共享感知信息，提高行驶安全性，降低交通事故的发生率。

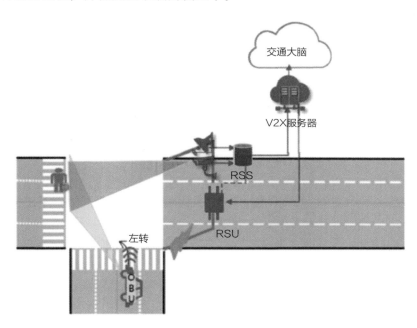

图 1-42　典型城区场景车路协同感知实现方案

1.7　5G

第五代移动通信技术（5th Generation Mobile Networks，5G）是新一代移动通信技术，是继 4G（LTE-A、WiMAX-A、LTE）系统之后的演进。5G 的性能目标是高数据速率、减少延迟、节省能源、降低成本、提高系统容量和大规模设备连接。

与早期的 2G、3G 和 4G 移动网络一样，5G 网络是数码信号蜂窝网络。在这种网络中，运营商覆盖的服务区域被划分为许多称之为蜂窝的小地理区域，蜂窝里的 5G 无线设备使用无线电波通过蜂窝里的本地天线来连接互联网和电话网，如图 1-43 所示。

图 1-43　第五代移动通信技术（5G）

作为 4G 技术的延伸，5G 技术从概念到如今处于研究与推广应用并行期，峰值传输速率为 10 ～ 20Gbit/s，可满足智能网联汽车大量数据传输的需求。

5G 技术的高频次快速率信息传递，能够保证车辆间的信息实现实时的无缝换接（图 1-44）。有 5G 技术作为基础保障，其高容量的信息融合可以使得车辆间的信息负载驱动顺畅，无须担心信号重负和车流的密度问题，使路面车辆流负载均布。

图 1-44　基于 5G 技术的车联网通信

1.8　高精度地图

随着自动驾驶向更高等级不断发展，仅依靠多传感器数据融合来获取实时环境信息很难做到真正意义上的自动驾驶。为了提高环境实时感知的数据量、降低决策规划的时延，拥有强大感知和预制能力的高精度地图（High Definition Map, HD Map）正逐渐被人们重视，它的出现能够为车辆提供实时的信息感知融合，并提供实时安全的行驶数据支撑。

高精度地图（图 1-45）和目前已经普及的普通导航电子地图相比较来说，一方面，高精度地图的绝对坐标精度更高（绝对坐标精度是指地图上某个目标和真实外部世界事物之间的精度）；另一方面，高精度地图所含有的道路交通信息更丰富和细致。

图 1-45　高精度地图

将高精度地图应用在自动驾驶领域时，因为自动驾驶汽车需要精确地感知自身所处的位置，而通常车辆离路肩（马路牙子）和旁边的车道只有几十厘米，所以高精度地图的绝对精度一般都会在亚米级，横向的相对精度（车道和车道，车道和车道线的相对位置精度）往往会更高，如图 1-46 所示。

高精度地图不仅有高精度的坐标，同时还有准确的道路信息（图 1-47），包含每个车道的坡度、曲率、航向、高程、侧倾的数据。同时，为了自动驾驶的考虑，诸如每条车道的限速、推荐速度也需要提供，人行横道、隔离带、限速标志、红绿灯、交通参与物的绝对地理坐标、物理尺寸以及它们的属性等也都会出现在高精度地图数据中。

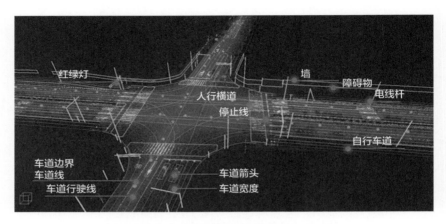

图1-46 高精度地图具有精确的坐标信息

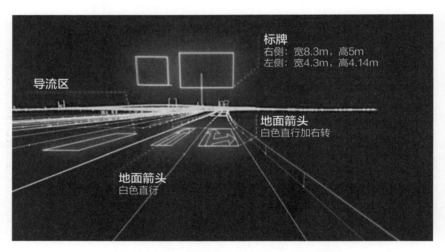

图1-47 高精度地图具有准确的道路信息

除此以外，普通导航电子地图和高精度地图的另一大区别在于：普通的导航电子地图是面向驾驶员，供驾驶员使用的地图数据；而高精度地图是面向机器，供自动驾驶汽车使用的地图数据。

基于高精度地图的定位技术原理为：通过车辆的运动预测下一步的大致位置，并进行地图匹配确定精确位置，主要包括粗定位和精确定位两个过程。车辆的粗定位通常可以通过 GNSS、GNSS+IMU 或 GNSS/RTK 来获得，但是即便是采用差分 GNSS，仍然存在着自动驾驶所不能接受的信号丢失、多路径效应等问题。

　　鉴于以上各种原因可以看出，单靠 GNSS 这一种传感器，无人车在复杂场景中很难实现精确定位。基于高精度地图的精确定位技术将高精度地图与感知信息进行匹配，从而确定车辆的精确位置。通过匹配车辆传感器的数据和高精度地图数据来计算车辆位置，不存在位置漂移的问题且成本较低。近年来，随着高精度地图技术和传感器技术的发展，地图匹配定位的精度可以达到厘米级。

　　高精度地图可与图像语义识别相结合用于定位。高精度地图通常是带有语义信息的地图（图 1-48），如车道线、路肩、标牌、杆、红绿灯等，高精度地图对其 3D 位置进行了详细的描述。同时，较为先进的智能汽车感知方案也能够从环境信息中提取要素，并进行语义分割。利用上述特点，智能汽车可以结合图像语义识别和高精度地图进行高精度的定位。

图 1-48　带有语义信息的高精度地图

　　基于高精度地图与图像语义识别的定位技术，PnP（Perspective-n-Point）算法是其中的关键。该算法是求解 3D 到 2D 点对运动（3D-2D）的方法，它描述了当知道 n 个 3D 空间点及其投影位置时，如何估计摄像头的位姿。然而，如果两张图像中的一张的特征点 3D 位置已知，那么最少需 3 个点对（以及至少一个额外点验证结果）就可以估计摄像头运动。对于高精度地图，特征点的 3D 位置可以由摄像头图像匹配高精度地图得到的特征点直接确定，可以直接使用 PnP 估计摄像头运动。而在单目视觉里程计中，必须先进行初始化，才能使用 PnP。3D-2D 方法不需要使用对极约束，又可以在很少的匹配点中获得较好的运动估计，是一种重要的姿态估计方法。

第 **2** 章

应急辅助技术

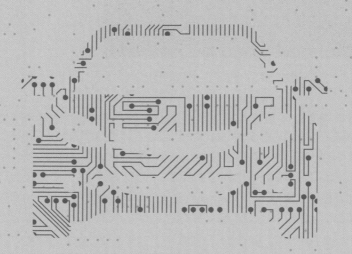

2.1 前方碰撞预警系统（FCW）

前方碰撞预警系统（Forward Collision Warning，FCW）是通过雷达系统时刻监测前方车辆，判断本车与前车之间的距离、方位及相对速度，在具有前向碰撞风险时，碰撞预警系统将通过视觉、听觉和触觉警示驾驶员（图 2-1），直至驾驶员在合理的时间内施加制动或碰撞风险得到解除。FCW 可以有效避免不必要碰撞事故的发生，但 FCW 本身不会采取任何制动措施去避免碰撞或控制车辆。

图 2-1　前方碰撞预警系统

首先，通过分析传感器获取的前方道路信息对前方车辆进行识别和跟踪，如果有车辆被识别出来，则对前方车距进行测量。同时，利用车速估计，根据安全车距预警模型判断追尾可能，一旦存在追尾危险，便根据预警规则及时给予驾驶员主动预警。车辆前方碰撞预警系统分为三个安全预警等级（图 2-2）：第一等级和第二等级是安全距离预警，能够根据车辆的速度来进行动态调整，车辆速度越快，那么提醒距离就会越远，可以智能提醒驾驶员在不同的车速时要保持不一样的车辆安全距离；第三等级是碰撞预警，是通过雷达去测定车辆的相对速度，如果车辆的速度比前方车辆速度快，则会感知到有碰撞的可能，车辆速度越快，提醒驾驶员的距离就越远。

欧洲新车安全评鉴协会（E-NCAP）对汽车前向碰撞预警系统的使用环境提出了 3 类应用类型，分别为用于城市路况的碰撞预警系统、用于高速路况的碰撞预警系统和用于行人保护的碰撞预警系统。

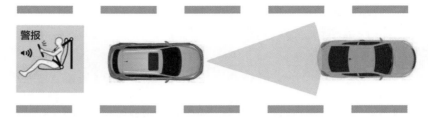

第一级警报：请注意车间距离

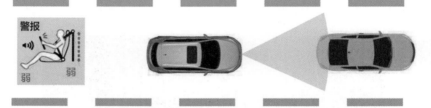

第二级警报：催促驾驶员采取防范措施

第三级警报：有碰撞危险，短促警示音和收紧安全带，提醒驾驶员

图 2-2　前方碰撞预警过程原理

（1）用于城市路况的碰撞预警系统（图 2-3）

对于城市路况来说，不少交通事故都发生在交通拥堵时，特别是在路口等待通行时。这时，驾驶员可能过于注意交通指示灯，而忽视了与前车的距离，也可能过于期待前方车辆前行甚至加速，而事实上前方车辆并未前行或者速度过慢。城市驾驶的特点就是低速，但是容易发生不严重的碰撞，这些小事故大约占全部碰撞事故的 26%。

这类碰撞预警系统的核心装备是毫米波雷达，一般安装在前保险杠的位置。如果探测到潜在的风险，它将通过语音报警或座椅振动等方式，以提醒驾驶员尽快进行避撞操作。在反应时间内，如果驾驶员采取了紧急制动或猛打方向盘

图 2-3　用于城市路况的碰撞预警系统

等措施，该系统将停止发出预警信号。E-NCAP 定义城市型碰撞预警系统能在车速不超过 20km/h 的情况下起作用。80% 的城市交通事故均发生在这个车速区间，而且这套系统在天气情况恶劣时也能保持较好的性能。

（2）用于高速路况的碰撞预警系统（图 2-4）

在高速公路上发生的交通事故，与城市内交通事故相比，其特点是不一样的。在高速公路上的驾驶员可能由于长时间驾驶而分心，而当他意识到危险时可能又由于车速过快而为时已晚。

图 2-4　用于高速路况的碰撞预警系统

这套系统以中 / 远距离毫米波雷达为核心设备，采用预警信号来提醒驾驶员潜在的危险。如果在反应时间内驾驶员没有任何反应，则将启动二次警告（方向盘振动或安全带突然收紧）。

（3）用于行人保护的碰撞预警系统（图2-5）

该系统除了能检测道路上的车辆之外，还能探测行人等障碍物。这套系统的核心装备是摄像头等传感器，它可以辨别出行人的特征。如果探测到潜在的危险，则该系统将会发出预警信息提醒驾驶员。相比之下，预测行人行为是比较困难的，从算法角度来说是非常复杂的。随着传感器技术的发展，这项技术还将进一步优化。

当车辆与前方行人距离过近时，将发出预警信息。

图2-5　用于行人保护的碰撞预警系统

2.2 车道偏离预警系统（LDW）

车道偏离预警系统（Lane Departure Warning，LDW）是一种通过报警的方式辅助驾驶员减少汽车因车道偏离而发生交通事故的系统。据交通运输部统计，约有50%的汽车交通事故是因为汽车偏离正常的行驶车道引起的，究其原因主要是驾驶员心神烦乱、注意力不集中或驾驶疲劳。如果驾驶员因为注意力分散而偏离车道，它就会发出报警的声音，提醒驾驶员当前车辆行驶的情况，如图 2-6 所示。但如果驾驶员提前打开转向灯，正常进行变线行驶，那么车道偏离预警系统就不会做出任何提示。

在无意识(驾驶员未打转向灯)偏离原车道时，能在偏离车道 0.5s 之前发出警报，为驾驶员留出更多的反应时间，大大减少了因车道偏离引发的碰撞事故。

图 2-6　车道偏离预警系统示意图

车道偏离预警系统由平视显示器、摄像头、调节器和传感器组成。车道偏离预警系统开启时，摄像头（大部分放置在车身侧面或后视镜上）会一直采集行驶车道的标线，通过图像处理获得当前车道内汽车的位置参数（图 2-7）。当检测到汽车偏离车道时，传感器会立即采集汽车的数据和驾驶员的操作状态，然后调节器会发出报警信号，整个过程大约在 0.5s 内完成，为驾驶员留出更多反应时间（图 2-8）。

当车辆偏离行驶车道时，报警形式可以是通过蜂鸣器或扬声器发出报警信号，

车道偏离预警系统开启时，摄像头会时刻采集行驶车道的标识线，通过图像处理获得汽车在当前车道中的位置参数。

图 2-7　车道偏离预警系统原理图（车外）

当检测到汽车偏离车道时，传感器会立即采集汽车的数据和驾驶员的操作状态，然后调节器会发出报警信号，通过警示音或界面显示向驾驶员报警。

图 2-8　车道偏离预警系统原理图（车内）

也可以用语言提示，还可以用使座椅或方向盘振动的方式来提醒驾驶员。LDW 系统还要考虑到汽车正常使用的制动装置和转向装置，这些装置会影响 LDW 的工作，使系统复杂化。因此，在慢速行驶或制动、正常转向时，LDW 系统是不工作的。

据统计数据分析，车道偏离预警系统可以减少因车道偏离而发生的交通事故，假设驾驶员面对交通事故时的反应时间能提前 0.5s，就可以避免至少 60% 的追尾撞车事故的发生。

2.3 盲区监测系统（BSD）

车辆在变道行驶时，由于转弯时后视镜存在视野盲区，驾驶员仅凭后视镜的信息无法完全判断后方车辆的信息。恶劣天气（雨雪、大雾、冰雹等）还会增大驾驶员的判断难度，增加汽车在变道行驶时发生碰撞或剐蹭的风险。

盲区监测系统（Blind Spot Detection，BSD）通过毫米波雷达传感器来监测本车侧后方盲区区域，并获取目标位置、相对速度、行驶方向等信息。一旦监测到有车辆处于视角盲区位置或以很快的速度从后面接近本车，将会通过车辆外后视镜上的警告信号、声音等形式来提醒驾驶员注意。

汽车视线盲区是指驾驶员位于正常驾驶座位置，视线被车体遮挡而不能直接观察到的区域。小型汽车盲区主要包括车头的前视盲区、车尾的后视盲区、两侧后方的后视镜盲区和两侧前方的立柱盲区，如图 2-9 所示。

图 2-9　小型汽车盲区示意图

❶ 前视盲区：引擎盖前看不到的地方，俗称前盲区。造成汽车前盲区有几个方面的因素，与车身、座椅的高度、车头的长度、驾驶人的身材等都有关系，如果没有很好地控制前盲区的距离，是很容易发生追尾事故的。

❷ 后视盲区：从后车门开始向外侧展开大约 30°的区域，该区域在反光镜的视界以外，俗称后盲区。当车后有较为低矮的障碍物时，由于车辆反光镜里观察不到该区域，极易导致事故发生。

❸ 后视镜盲区：车两边的后视镜只能看到车身两侧一部分区域，并不能收集到车身周围的全部信息，故而产生了后视镜盲区。尤其是在汽车从辅路上主路时，驾驶员从左后视镜往往不能观察到车辆，假如驾驶员此时加速后大角度切上最内侧车道，很容易与正在最内侧车道高速行驶的车辆发生碰撞。

❹ 立柱盲区：由于汽车两侧 A、B 柱的遮挡所产生的盲区。在转弯时，如果两侧的 A 柱较宽，A 柱遮挡视线产生的盲区就很大，如果柱子比较窄，则盲区就较小。B 柱遮挡产生的盲区主要是在车辆的右侧。当车辆在行驶中需要大角度拐到右侧时，B 柱会遮挡驾驶员的视线，有可能与右侧正常行驶的车辆发生碰撞。

大货车由于车身较大，盲区比小型汽车更多一些，主要有：

❶ 前方盲区：车头到驾驶室后方约 2m 长、1.5m 宽的范围。

❷ 右侧盲区：货箱末端至驾驶室末端，距离货车宽度 1.5m 的范围。货箱越大，盲区也就越大。

❸ 左侧盲区：左侧盲区在车辆货箱尾部附近，相对右侧盲区而言要小一点。

❹ 后方盲区：正后方全是盲区。

大货车的盲区还分为半盲区和全盲区，如图 2-10 所示。

半盲区：A、B、C 区域为半盲区，半盲区的危险范围视大货车的尺寸而定。靠近车体下方会进入半盲区，越靠近，越不容易被驾驶员发现。

全盲区：D、E 区域为全盲区，在这些区域，驾驶员完全看不到。D 区域在驾驶员直接视线范围、三个后视镜视线范围以外。E 区域是由于挡风玻璃左右的 A 柱挡住驾驶员的视线范围形成的。

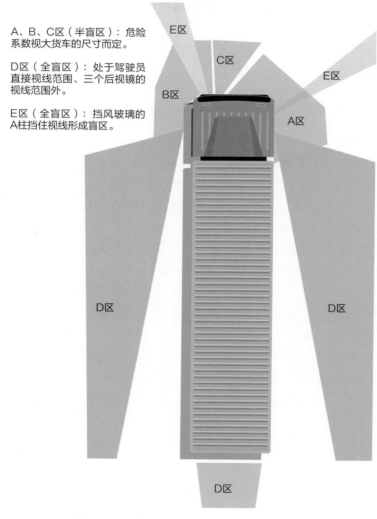

A、B、C 区（半盲区）：危险系数视大货车的尺寸而定。

D 区（全盲区）：处于驾驶员直接视线范围、三个后视镜的视线范围外。

E 区（全盲区）：挡风玻璃的 A 柱挡住视线形成盲区。

图 2-10　大货车半盲区和全盲区示意图

由于汽车后视镜存在视觉盲区，变道之前看不到盲区内的车辆，如果盲区内有超车车辆，此时变道就会发生碰撞事故。在大雨天气、大雾天气、夜间光线昏暗等情况下，更加难以看清后方车辆，此时变道就面临更大的危险。盲区监测系统就是为了解决汽车的盲区而产生的。

车辆盲区监测系统是通过安装在车辆后视镜或其他位置的传感器（主要为摄像头、毫米波雷达等）来检测后方的车辆、行人等，电子控制单元对感知单元的数据进行计算及判断，如图 2-11 所示。如果检测到盲区中有车辆或者行人，声光报警器会发出警报，后视镜上显示碰撞危险图标并闪烁提示（图 2-12），部分车型还可以进行紧急制动。

图 2-11　盲区监测系统示意图

图2-12 盲区监测显示

汽车后视盲区和后视镜盲区的监测通常利用的是定装在汽车侧后部的两个毫米波雷达，可以实现 BSD（盲区监视）和 LCA（变道辅助）两项基本功能，如图 2-13 所示，具体功能描述如下。

BSD：通过两个毫米波雷达实时监视驾驶员视野盲区，并在规定盲区内出现其他道路使用者时发出警告；

LCA：通过两个毫米波雷达实时监视驾驶员视野盲区，在车辆变道过程中，如果判断车辆侧方或后方出现可能与本车发生碰撞危险的其他道路使用者时，系统发出警告。

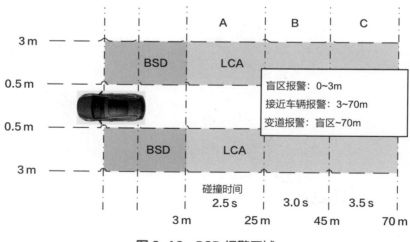

图2-13 BSD 报警区域

2.4　驾驶员监测系统（DMS）

驾驶员监测系统（Driver Monitoring System，DMS）是基于驾驶员面部图像、生理指标或车辆信息以判定驾驶员状态的实时系统，主要用于实现对驾驶员的身份识别、疲劳监测、分心监测以及危险驾驶行为（如酒驾、手持电话接听和喝水等）监测等。

据统计，90%以上的交通事故是由于驾驶员操作不当的人为因素而引发的，如图 2-14 所示。

图 2-14　疲劳驾驶是导致交通事故的重要因素

针对上述人为因素，驾驶员监测系统可通过在危险情境下向驾驶员发出警示，帮助驾驶员改善驾驶行为，并根据驾驶员状态进行相应干预，从而提高行车安全。

目前，驾驶员监测的技术主要分为间接监测和直接监测两类。

间接监测是通过驾驶员驾车行为分析，即通过记录和解析驾驶员转动方向盘、踩刹车等行为特征，以及车辆行驶轨迹特征，判别驾驶员是否疲劳，如图 2-15 所示。

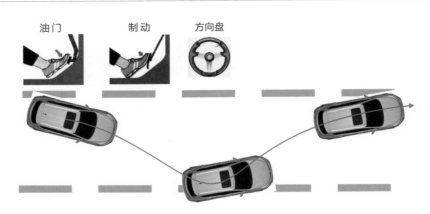

图 2-15　间接监测方法

直接监测是通过视觉传感器获取驾驶员行为信息，或通过其他生物传感器获取驾驶员生理指标，如驾驶员心电、脑电等数据，再根据这些数据判断驾驶员是否处于疲劳状态，如图 2-16 所示。

图 2-16　直接监测方法

目前的主流方案是基于视觉传感器，即通过一个面向驾驶员的红外非广角摄像头来实时监测驾驶员的头部、眼部和面部等细节，然后对获取到的数据进行模式识别，进而判断驾驶员身份或状态，如疲劳、分神的程度或异常行为等。

直接监测方法中采用了各种智能识别算法，其基本的流程如图 2-17 所示。通过人脸特征检测技术，提取嘴部区域特征，根据嘴巴开合程度，判断是否存在打哈欠行为。通过眼部检测算法定位人眼区域，计算区域内眼部开合度，根据阈值判断是否存在闭眼行为。

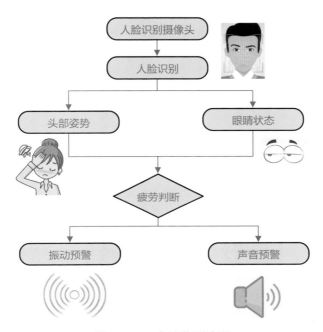

图 2-17　直接监测流程

市面上 DMS 产品主要专注于驾驶员疲劳状态和分心驾驶的监测。

驾驶员疲劳监测：基于深度学习，综合考虑眼睑开闭的大小、打哈欠及眨眼的频次等因素，输出对应的疲劳等级。

驾驶员分心监测：基于驾驶员的视线、头部姿态及眼睛开合状态，结合注视区域视线停留时长，判断驾驶员是否分神。

红外的方案相较纯视觉的方案，鲁棒性更高，可覆盖更多场景，如不同的光线环境或驾驶员佩戴墨镜等，且凭借非接触、低成本、高可靠性、高智能的优势，占据市场主流。

另外，基于生物传感器监控驾驶员生理指标的技术方案，利用部署在方向盘或安全带上的电容传感器等设备对生理指标数据进行分析，进而推断驾驶员当前状态，如心跳、呼吸频率等。

基于多特征信息融合的检测方法，通过信息融合技术，将驾驶员生理特征、驾驶行为及车辆行驶状态相结合，是更加理想的检测方法，大大降低了采用单一方法造成的误检和漏检率。

当驾驶人员长时间持续驾驶而没有得到足够休息时，其生理机能和心理机能将会逐渐失调，对车辆的控制能力、注意力以及面对突发事件时的反应能力都会明显下降，甚至可能坠入短暂睡眠，导致车辆彻底失控，这种现象叫作疲劳驾驶。可结合车速、连续驾驶时长、驾驶时间段等维度，定义出疲劳监测等级报警策略，如轻度疲劳、中度疲劳、高度疲劳。驾驶员精神状态下滑或进入浅层睡眠时，系统会依据驾驶员精神状态指数分别给出语音提示、振动提醒、电脉冲警示等，警告驾驶员已经进入疲劳状态，需要休息，其作用就是监视并提醒驾驶员自身的疲劳状态，减少驾驶员疲劳驾驶的潜在危害。

2.5 全景环视系统（AVM）

传统的基于图像的倒车影像系统只在车尾安装摄像头，只能覆盖车尾周围有限的区域，而车身周围和车头的盲区也会造成安全驾驶的隐患，如在狭隘拥堵的市区和停车场就很容易出现碰撞和剐蹭事件。为扩大驾驶员视野，就必须能感知 360°全方位的环境。

全景环视系统（Around View Monito，AVM）在汽车周围架设能覆盖车辆周边所有视场范围的 4 ～ 8 个广角摄像头，将同一时刻采集到的多路视频影像处理成一幅车辆周边 360°的车身俯视图，最后在中控台的屏幕上显示（图 2-18），让驾驶员清楚查看车辆周边是否存在障碍物，并了解障碍物的相对方位与距离，帮助驾驶员轻松停泊车辆。AVM 不仅能够十分直观地展示汽车周围的情况，而且弥补了视觉盲区，可以使驾驶员从容操控车辆泊车入位或通过复杂路面，

图 2-18　全景环视系统显示

有效减少剐蹭、碰撞、陷落等事故的发生。

全景环视系统包括安装于汽车四周的多个摄像头、图像采集部件、视频合成/处理部件、数字图像处理部件和车载显示器。摄像头分别拍摄汽车前后左右的图像，图像被图像采集部件转换成数字信息送至视频合成/处理部件，视频合成/处理部件处理后的图像经由数字图像处理部件处理后转换成模拟信号输出，在安装于汽车内部的车载显示器上生成汽车及其周边环境的全景图像信息。其结构原理如图 2-19 所示，图像处理流程如图 2-20 所示。

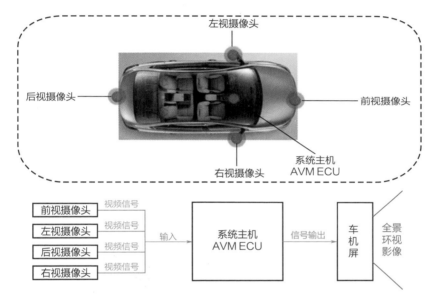

图 2-19　全景环视系统结构原理

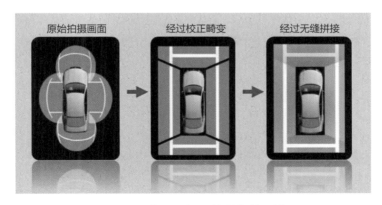

图 2-20　全景环视系统图像处理流程

全景环视系统的主要功能有全方位无死角监控、AVM 虚拟鸟瞰图、行人与障碍物检测，如图 2-21 所示。

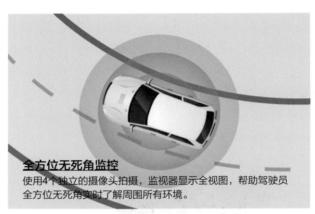

全方位无死角监控
使用4个独立的摄像头拍摄，监视器显示全视图，帮助驾驶员全方位无死角实时了解周围所有环境。

AVM虚拟鸟瞰图
通过4个摄像头的图像来拼接AVM屏幕。通过从车辆上方的虚拟鸟瞰图更好地了解车辆的周围情况，该技术可以帮助驾驶员轻松停泊车辆。

行人与障碍物检测
实时检测行人、机动车、障碍物的移动方位与距离，及时提醒，避免危险发生。

图 2-21　全景环视系统主要功能

随着技术的演进，目前已经出现了 3D 360°全景环视，该技术可以将 2D 图像转换成 3D 视角，减少图像畸变，更直观地展示车辆所处的环境。3D 360°全景环视车辆辅助驾驶系统（图 2-22）采用以车规级芯片为处理器的主机设备，在车辆前后左右安装四路高清摄像头，将采集来的图像通过主机系统进行畸变处理、画面拼接、色彩平衡等，最终形成 3D 立体鸟瞰图像，并显示在车辆中控显示屏上。显示屏除了显示车辆鸟瞰图像，还能显示摄像头实时拍摄画面，视角根据行车轨迹移动，并根据驾驶行为自动调整分屏显示内容。3D 360°全景环视系统配合车辆雷达系统，能够让驾驶员直接观察到车辆周围环境，准确读取车辆到障碍物的距离，减少视线盲区干扰以及剐蹭、碰撞等事故的发生。

图 2-22　3D 360°全景环视车辆辅助驾驶系统

2.6　泊车辅助系统（PAS）

泊车辅助系统（Park Assist System，PAS）可以帮助驾驶员在拥挤的停车场轻松停车入位，避免发生剐蹭和碰撞。泊车辅助系统（图 2-23）通过安装在车身上的摄像头、超声波传感器以及红外传感器探测停车位置和绘制停车地图，并实时动态规划泊车路径，指引汽车或者直接操控方向盘驶入停车位。

泊车系统经过了三个主要的发展阶段，如表 2-1 所示。

图 2-23　泊车辅助系统示意图

表 2-1　泊车系统发展阶段

第一阶段：泊车辅助	倒车雷达（USS）
	倒车影像（AVM）
第二阶段：自动泊车	半自动泊车辅助（PAS）
	自动泊车辅助（APA）
	遥控泊车辅助（RPA）
第三阶段：自主泊车	家庭记忆泊车（HPP）
	自主代客泊车（AVP）

　　第一阶段，泊车辅助系统，典型的代表技术就是倒车雷达 USS（UltraSonic Sensor/ 超声波传感器）、倒车影像 AVM（Around View Monitoring/360°环视摄像头）。

　　❶ 倒车雷达。倒车雷达能以声音或者更为直观的显示告知驾驶员周围障碍物的情况，解决驾驶员倒车时左右探视所引起的困扰，并帮助驾驶员弥补视野死角和视线模糊的缺陷，提高倒车安全性（图 2-24）。

　　车辆挂入倒挡时，倒车雷达自动开始工作。当探头侦测到后方物体时，蜂鸣器发出警示；当车辆继续倒车时，警报声音的频率会逐渐加快，直至变为长鸣音。

　　❷ 倒车影像。倒车影像利用安装在汽车保险杠上的摄像头，将倒车时车后的环境拍摄下来，再经处理后传输到中控台的显示器上（图 2-25）。该系统使倒车时车后的状况更加直观可视。

倒车雷达系统
识别车辆后方障碍物，弥补感知盲区，通过警示音提示驾驶员后方存在的障碍物，可有效避免后碰撞事故的发生。

图 2-24　倒车雷达

图 2-25　倒车影像

　　该系统可在车体后方摄像头拍摄的实时影像上合成通过车轮转角预测出的泊车路线。除影像外，还可通过声音向驾驶员发出指示，从而应对纵向停车及横向停车时的各种情况。不过，该系统没有转向、加速及刹车操作等辅助功能，因此驾驶员必须自己进行这些操作。

　　第二阶段，自动泊车系统，典型的技术包括自动泊车辅助（Automatic Parking Assist，APA）、遥控泊车辅助（Remote Parking Assist，RPA）等。

　　APA 使得车辆能够在低速行驶过程中判断周围环境，并寻找合适的停车位，自动泊车入位。在这个过程中，不需要人工干预，全程可由系统完成泊车过程，但驾驶员不能离开驾驶位，需要根据情况随时接管车辆。而半自动泊车辅助系统（Parking Assist System，PAS）是其中更为初级的产品，驾驶员无须操控方向盘，但挡位和油门需要驾驶员按照组合仪表上的提示信息操控，从而驶入停车位，如图 2-26 所示。

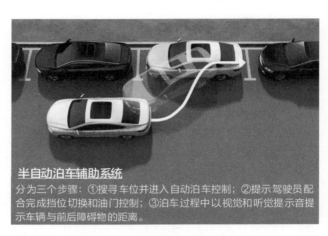

半自动泊车辅助系统
分为三个步骤：①搜寻车位并进入自动泊车控制；②提示驾驶员配合完成挡位切换和油门控制；③泊车过程中以视觉和听觉提示音提示车辆与前后障碍物的距离。

图 2-26　半自动泊车辅助系统

遥控泊车辅助（RPA），简单来说是可通过钥匙或手机中的软件操控汽车进行泊车。当车辆雷达识别车位后，驾驶员便可下车通过遥控开启此项功能（图2-27）。但这个远程并非真正意义的远程，初衷只是为了解决停车入位后，驾驶员没有办法开车门的问题，如狭窄的车库中，停车位两边的车辆距离太近。

图 2-27　遥控泊入车位

遥控泊车时，驾驶员无须坐在车内，通过手机 APP 或遥控钥匙即可远程指挥。需要注意的是，出于安全考虑，驾驶员远程指挥车辆时，目前车速最多只有 2km/h。此外，在遥控车辆前进、后退和左右转弯时，必须长时间按遥控器上相应的按钮（图 2-28），并且车辆前进后退和左右转弯不能同时操作。

图 2-28　遥控泊出车位

用遥控泊车时，驾驶员携带车钥匙需要始终保持在车辆附近。如驾驶员携带车钥匙离开车辆太远，将会使遥控泊车功能自动退出。遥控泊车并不是无人自动泊车，车辆仍需在驾驶员的全程监管下完成遥控泊车，驾驶员有义务确保遥控泊车整个过程安全地完成。驾驶员不集中注意力监管遥控泊车过程，可能会导致车辆受损或伤及他人。

第三阶段，自主泊车系统，对应于自动驾驶的 L3、L4 层级，属于目前最高级的应用，典型的技术包括家庭记忆泊车（Home Zone Parking Pilot，HPP）和自主代客泊车（Autonomous Valet Parking，AVP）。HPP 中 Home Zone 的字面意思是家庭停车区域，但并非特指家庭停车场，而是代表着某些固定的停车场景，也称为记忆式泊车系统。它通过储存、记录、学习用户较为常用的泊车地点和泊车路径实现自主泊车，当用户驾车再次到达这些地点时，可以自动泊车入库。AVP 属于目前最高级的自动泊车技术，其中的 Valet 是酒店侍从的意思，顾名思义，就是代客泊车。当驾驶员到达目的地后，可以下车，让车辆自己找停车位，需要用车的时候，再远程召唤车辆回来。

2.7 夜视辅助系统（NVD）

　　行车时的驾驶信息有 90% 来源于视觉。在夜间，由于光照不足、视野小，尤其是会车时的远光灯会使驾驶员产生眩目，从而形成盲区，缩小了驾驶员的可视范围，影响了夜间的行车安全。夜视辅助系统（Night Vision Device，NVD）采用红外成像、图像处理及图像显示技术，使驾驶员在低可见度或黑暗中也能清楚地观察到车辆前方，还可以看见汽车前照灯照射不到的区域、强光阴影中的行人或车辆，并对可能出现的危险情况发出报警，减少事故发生，如图 2-29 所示。

图 2-29　夜视辅助系统

根据不同的工作原理，夜视辅助系统可以分为被动夜视辅助系统和主动夜视辅助系统。

（1）被动夜视辅助系统

被动夜视辅助系统利用热成像摄像头接收行人、动物等发热物体发出的不同的红外热辐射（远红外线），形成不同的图像，并对图像进行放大和处理后输出。由于不同物体对红外线反射强弱不同，行人、动物等可以发热的物体在反射中特别突出，通过传感器的捕捉，将带有热源的物体影像输出到车载显示屏上，如图2-30所示。

图2-30　被动夜视辅助系统

被探测到的物体形成的图像看起来就像是照相机的底片一样。但是被动夜视辅助系统本身无法克服的缺点是，无法检测到无生命、无热源特征的目标（如道路的标志牌、车道线、车道护栏等物体）。此外，由于汽车前挡风玻璃不能传输长波的远红外线，摄像头须安装在车外，需经常清洁，且在汽车前端碰撞时易受损伤。

（2）主动夜视辅助系统

主动夜视辅助系统将摄像头安装到汽车前照灯内，使用多套照射系统和摄像机来识别红外反射波，利用目标反射红外光源，如图2-31所示。红外光源发出的红外线主动照射目标，CCD摄像头接收目标反射的红外线，通过ECU处理后，可以把图像信息传递给驾驶员。

主动夜视辅助系统对比分辨度高，且图像较清晰、可靠。由于不依靠物体的热源，不发热的物体也能清晰可见，如道路上的标线、车道护栏、道路标志牌等都可以被发现。

普通视角   远红外视角

图 2-31   主动夜视辅助系统

在被动夜视辅助系统中，关键零部件是红外摄像头，它与主动夜视辅助系统的红外摄像头原理相同，但接收对象存在差异，因此其软硬件设计也有不同。主动夜视辅助系统红外摄像头主要接收物体对红外光源的反射光线，而被动夜视辅助系统红外摄像头主要接收物体本身发出的红外辐射。被动夜视辅助系统红外摄像头主要安装在车辆前保险杠，一般安装在一个防撞击的盒子里，挡风玻璃清洗系统同时负责摄像头的清洁。当外界气温低于5℃时，镜头盖则被加热，拍摄距离约300m。部分车型红外摄像头也可以随着车速的增加，自适应地改变镜头焦距，使得远距离的目标放大，使目标更清晰。

2.8   自适应前照灯系统（AFS）

汽车自适应前照灯系统（Adaptive Front-lighting System，AFS）是一种照明装置，它能够根据天气情况、外部光线、道路状况以及行驶信息来自动改变前照明系统的工作模式，调整照射光线的光型，消除因为夜间或者能见度低时转弯或者其他特殊行驶条件下带来的视野暗区，能够为驾驶员提供更宽范围和更为可靠的照明视野，保证行车安全。

为了避免会车的时候，对面的来车驾驶员被我们车上的灯光刺到眩目而引发交通事故，我们把前大灯分成了远光灯和近光灯。远光灯是全域照明，近光灯则是把左边变成暗区（图2-32），不会让来车驾驶员产生刺眼眩目。对面有来车或者有来人的时候，系统关闭远光灯，打开近光灯（图2-33），以示保护和尊重。

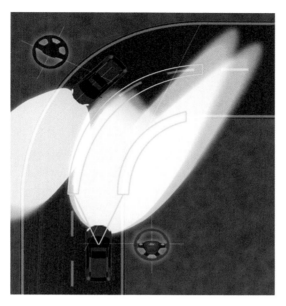

图 2-32　汽车自适应前照灯系统示意图

图 2-33　汽车远光灯与近光灯

为实现灯光的自适应功能，AFS 必须要从不同的传感器取得多种行车信息。系统从方向盘转角传感器、车速传感器、车身高度传感器分别取得方向盘转角、车速和车身倾斜度的精确信息。其中，角度和速度信息通过中央控制电路精确计算后，系统输出信号控制旋转执行器对投射式前照灯进行左右旋转，倾斜度信息控制电机对光束进行上下旋转，从而实现智能化控制。自适应前照灯系统结构如图 2-34 所示。

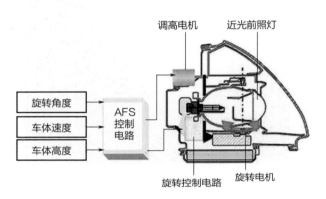

图 2-34　自适应前照灯系统结构

AFS 远近光切换时，首先是前灯内置的高速相机拍摄到了来人或者来车，系统将信号传给电脑，电脑判断后，把命令下达给一个步进电机。这个步进电机根据命令转动一个角度，而电机的输出轴连着一个特殊形状的遮光罩。就是这个遮光罩，把多余有害的光线遮挡掉了，这样就实现了远近光的切换。

下面对阴雨天气、转弯道路、高速公路、城市道路几种情况下 AFS 的调节原理进行介绍。

❶ 阴雨天气：地面的积水会将行驶车辆打在地面上的光线反射至对面会车驾驶员的眼睛中，使其眩目，进而可能造成交通事故。AFS 的解决方法是：前灯发出特殊光型，减弱地面可能对会车产生眩光的区域的光强，如图 2-35 所示。

❷ 转弯道路：传统前照灯的光线因为和车辆行驶方向保持着一致，所以不可避免地存在照明的暗区。一旦在弯道上存在障碍物，极易因为驾驶员对其准备不足引发交通事故。AFS 的解决方法是：车辆在进入弯道时产生旋转的光型，给弯道以足够的照明，如图 2-36 所示。

❸ 高速公路：车辆在高速公路上行驶时具有极高的车速，所以前照灯需要比在其他道路上行驶时照得更远、更宽。而传统的前灯却存在着高速公路上照明不足的问题，AFS 采用了更为宽广的光型解决这一问题。

图 2-35 阴雨天气自适应前照灯调节原理

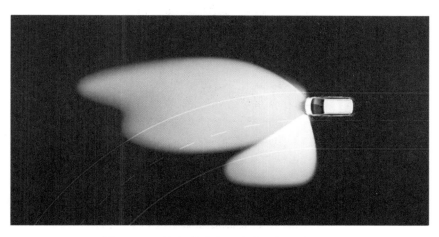

图 2-36 转弯道路自适应前照灯调节原理

❹ 城市道路：道路复杂、狭窄。传统前照灯近光比较狭长，不能很好地满足城市道路照明的要求。AFS 在考虑到车辆市区行驶速度受到限制的情况下，可以产生比较宽阔的光型，有效地避免了与岔路中突然出现的行人、车辆可能发生的交通事故。

不同行驶模式下自适应前照灯调节原理如图 2-37 所示。

加减速行驶时自适应前照灯调节原理如图 2-38 所示。

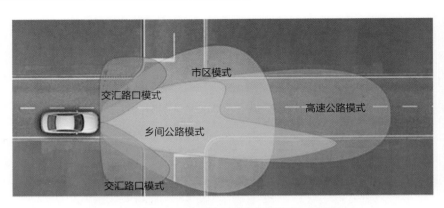

市区模式

交汇路口模式

高速公路模式

乡间公路模式

交汇路口模式

图 2-37　不同行驶模式下自适应前照灯调节原理

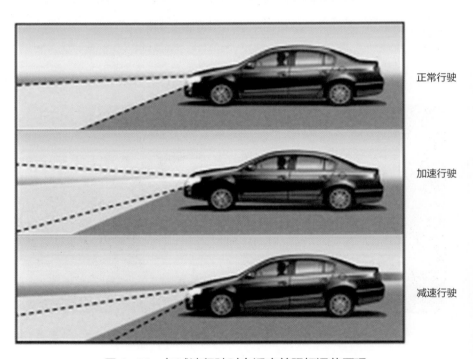

正常行驶

加速行驶

减速行驶

图 2-38　加减速行驶时自适应前照灯调节原理

虚线表示无动态调光的光照角度

　　AFS 克服了传统照明系统的不足，可根据环境和条件自动调节照明区域（图 2-39）和角度，并提升能见度，减少驾驶员看不清路况的安全隐患，有助于降低交通事故发生率。

图 2-39　可自动调节照明区域

第 3 章

驾驶辅助技术

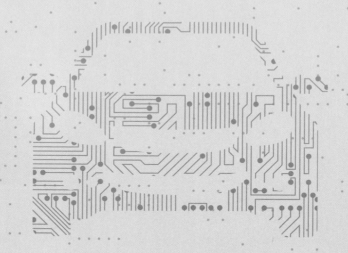

3.1　自适应巡航系统（ACC）

　　自适应巡航系统（Adaptive Cruise Control，ACC）从定速巡航技术发展而来，是一种功能更为强大、适用场景更广泛的巡航技术。ACC 通过汽车搭载的传感器感知监测前方道路的交通参与者情况，如自车和前车之间的相对距离及相对速度（图 3-1），根据汽车行驶要保持安全的行车距离等要求，采取相应操作来控制汽车的前进速度，使自车与前车保持安全距离，避免交通事故发生。

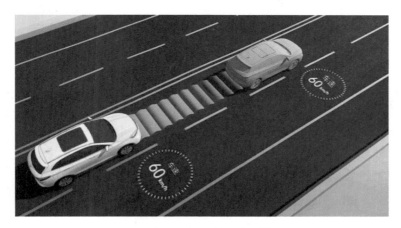

图 3-1　自适应巡航系统

　　ACC 的指令控制开关由驾驶员设定，操作所需的按键位于汽车方向盘上，如图 3-2 所示。ACC 按键开启后，自适应巡航系统便开始工作。在车辆行驶过程中，安装在车辆前部的测距传感器（雷达）将会持续扫描车辆前方道路，同时安装在汽车上的轮速传感器将会采集车轮转速信号。

　　当车辆所行驶的车道前方没有障碍物时，车辆按照按键设定的速度巡航行驶；而当行驶车道的前方有其他车辆切入时，测距传感器会获取到自车和前车之间的相对距离及相对速度等信息，自适应巡航系统的电子控制单元将根据这些信息与汽车的其他工作单元（如 ABS 防抱死系统、发动机控制系统、变速器控制系统）相互协调配合，使车轮适当制动减速，发动机的输出功率下降，达到对汽车行驶速度的合理控制，如图 3-3 所示。当车辆前方道路没车或者前方其他车辆切出时，自车又会加速恢复到原先设定的车速，而雷达会自动监测下一个目标。

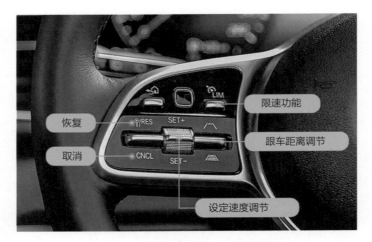

图 3-2　自适应巡航系统设置按键

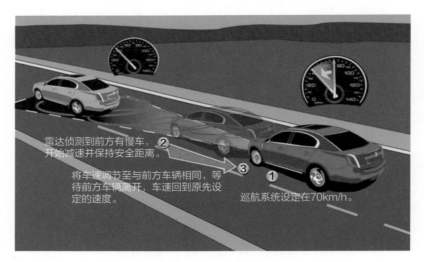

图 3-3　自适应巡航系统控制原理

在控制车辆制动时，通常会将制动减速度限制在不影响舒适的程度范围内。但当出现极危险情况，需要更大的制动减速度时，ACC 控制单元会发出声光信号通知驾驶员介入控制汽车，由驾驶员来主动采取制动措施。

一般自适应巡航系统在车速为 30 ～ 200km/h 时才能打开启用，车速在 30km/h以下便会将其关闭。

自适应巡航系统控制模式如图 3-4 所示。由图可知，自适应巡航系统可代替驾驶员控制车速，避免了定速巡航频繁地取消和设定巡航控制，使巡航系统适合于更多的路况，并且驾驶员完全可以将脚从踏板上移开，关注于方向盘即可，只在必要的时候接管汽车，避免危险发生，可以大幅降低长途驾驶所带来的疲劳，为驾驶员提供了一种更轻松的驾驶方式。

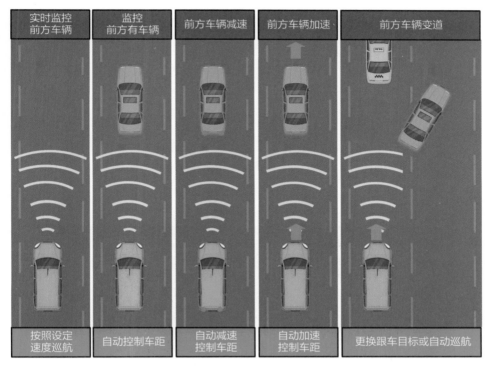

实时监控前方车辆	监控前方有车辆	前方车辆减速	前方车辆加速	前方车辆变道
按照设定速度巡航	自动控制车距	自动减速控制车距	自动加速控制车距	更换跟车目标或自动巡航

图 3-4　自适应巡航系统控制模式

3.2　**车道保持系统（LKS）**

车道保持系统（Lane Keeping System，LKS）是在车道偏离预警系统的基础上发展而来，不仅可以像车道偏离预警系统通过报警等方式提醒驾驶员注意危险情况，还可以辅助驾驶员实现对转向和制动系统的协调控制，纠正车辆在行驶过程中偏离所在车道的错误，保持车辆在本车道内行驶，如图 3-5 所示。

一些车道保持系统只在汽车即将偏离车道时才会发挥作用，而另一些系统则是提供给驾驶员持续的方向盘操作辅助（图 3-6），从而可以在很大程度上减

车道保持系统（LKS）
通过辅助驾驶员对转向和制动系统进行协调控制，纠正车辆在行驶过程中偏离所在车道的错误，保持车辆在本车道内行驶。

图 3-5　车道保持系统

方向盘操作辅助

方向盘辅助

方向盘辅助

LKS可提供持续的方向盘操作辅助，从而减轻驾驶员的驾驶负担，大幅缓解高速行驶时的驾驶疲劳。

图 3-6　车道保持系统可提供持续的转向辅助

轻驾驶员的驾驶负担，大幅缓解高速行驶时的驾驶疲劳。当汽车行驶在车道线内时，该系统能正确操控方向盘，使汽车尽可能行驶在车道线的中间位置。由于该系统连续不断地提供辅助，辅助力矩一般较小，本质上是通过触觉反馈的方式来提醒驾驶员正确控制汽车。因而，当驾驶员出现操作失误时仍然可能导致车道偏离情况的发生，此时系统会通过方向盘振动来提醒驾驶员进行正确操作。

车道保持系统一般由车道线识别模块、偏离警示模块和辅助控制模块三个部分组成。

车道线识别模块处理视觉传感器获取的前视道路图像，识别图像中车道线的位置和类型，再根据视觉传感器安装参数计算出汽车横向位置偏差、航向偏差以及道路曲率等信息（图 3-7）。利用转速传感器采集轮速信号，利用方向盘转角传感器采集转角信号，然后对车道两侧边界线进行识别，通过比较车道线和车辆的行驶方向，判断车辆是否偏离了当前的行驶车道。

车道线识别模块
利用视觉传感器采集道路图像，识别车道线的位置和类型，再根据视觉传感器安装参数计算出汽车横向位置偏差、航向偏差以及道路曲率等信息。

图 3-7　车道线识别模块

偏离警示模块结合车道线识别模块输出的信息以及汽车运动状态信息，决策车道偏离是否发生，一旦判断出危险状况的存在，则触发预警装置发出不同类型的警示信号（图 3-8）。

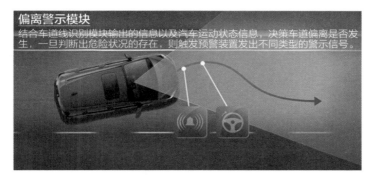

偏离警示模块
结合车道线识别模块输出的信息以及汽车运动状态信息，决策车道偏离是否发生，一旦判断出危险状况的存在，则触发预警装置发出不同类型的警示信号。

图 3-8　偏离警示模块

辅助控制模块的控制手段和控制方式因系统功能的不同而不同。基于差动制动的车道保持系统是在偏离警示模块触发后，控制汽车制动系统防止汽车偏离车道；而以转向控制为手段的车道保持系统则是根据车道偏差，连续地控制电机输出辅助转矩，辅助驾驶员转向实现车道保持功能（图 3-9）。

在该过程中，若驾驶员打开转向灯，正常进行变线行驶或者减速，车道保持系统保持等待状态，不会做出任何提示与行动；如果驾驶员既没有打开转向灯，

图 3-9　辅助控制模块

也没有主动减速或者转动方向盘纠正车道偏离现象，车道保持系统将会判定此刻为危险情况，由等待状态切换为工作状态，接管并控制车辆主动驶回原车道。

车道保持系统主要应用于结构化的道路上，如高速公路和路面条件较好（车道线清晰）的道路，对于车道线有残损等情况辅助控制效果不佳。

3.3 自动紧急制动系统（AEB）

自动紧急制动系统（Autonomous Emergency Braking，AEB）是指车辆在非自适应巡航情况下正常行驶，当车辆遇到突发危险情况或与前车及行人距离小于安全距离时，主动进行刹车，避免或减少追尾等碰撞事故的发生（但具备这种功能的车辆并不一定能够将车辆完全刹停），如图 3-10 所示，从而提高行车安全性的一种技术。

图 3-10　自动紧急制动系统

　　AEB 系统采用雷达和摄像头测出与前车或者障碍物的距离，然后利用数据分析模块将测出的距离与警报距离、安全距离进行比较。小于警报距离时就进行警报提示，而小于安全距离时，在驾驶员没有来得及踩制动踏板的情况下，AEB 系统也会启动，使汽车自动制动，从而为安全出行保驾护航。

　　AEB 自动紧急制动功能的实现一般分为三个阶段——预警、制动辅助和制动，如图 3-11 所示。

预警阶段

系统认为情况不危险，系统没有反应。安全距离报警(如仪表显示+声音提示、座椅振动等)只会在必要的时候触发。

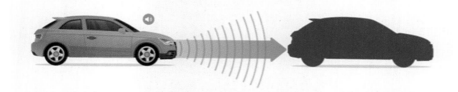

制动辅助阶段

情况已经非常危险，但系统仍然无法准确判断驾驶员的意图。此时，会触发制动系统的准备工作(如在正常行驶状态下，刹车片与刹车盘之间存在间隙时，这种"间隙状态"将不复存在，为驾驶员制动做好充分准备)，但不会触发自动紧急制动。

制动阶段

系统做出主动反应(如降低发动机功率输出、紧急制动)，从而避免事故的发生。

图 3-11　AEB 紧急制动过程

欧洲新车安全评鉴协会（E-NCAP）以多年来统计的事故数据作为依据，对汽车 AEB 的使用环境提出四种应用类型，即城市 AEB、高速公路 AEB 和行人保护 AEB 和后方自动紧急制动（AEB 后部）。

（1）城市 AEB（图 3-12）

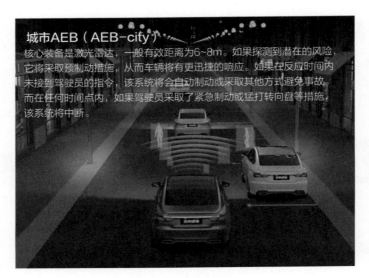

城市AEB（AEB-city）
核心装备是激光雷达，一般有效距离为6~8m。如果探测到潜在的风险，它将采取预制动措施，从而车辆将有更迅捷的响应。如果在反应时间内未接到驾驶员的指令，该系统将会自动制动或采取其他方式避免事故。而在任何时间点内，如果驾驶员采取了紧急制动或猛打转向盘等措施，该系统将中断。

图 3-12　城市 AEB

城市交通事故大多发生在路口等待、交通拥堵等情况下，因为驾驶员注意力分散，忽视了自身的车速和与前车的距离，造成碰撞事故。城市内驾驶特点是速度慢，易发生不严重的碰撞。城市 AEB 可以监测前方路况与车辆移动情况，如果监测到潜在的风险，它将采取预制动措施，提醒驾驶员风险的存在；如果在反应时间内未接到驾驶员的指令，该系统则会自动制动来避免事故。而在任何时间点内，如果驾驶员采取了紧急制动或猛打方向盘等措施，该系统将中断。

（2）高速公路 AEB（图 3-13）

在高速公路上发生的事故与城市交通事故相比，其特点不同。高速公路上的驾驶员可能由于疲劳驾驶，当意识到危险时，车速过快而无法控制车辆。为了能保证这种行驶情况下的安全，AEB 系统必须能用相应的控制策略来应对。系统在车辆高速行驶状态下工作，首先通过报警来提醒驾驶员潜在的危险。如果在反应时间内，驾驶员没有任何反应，第二次警示系统将启动，如突然的制动或安全带收紧，此时制动器将调至预制动状态。如果驾驶员依然没有反应，那么该系统将会自动实施制动。在高速公路上速度达到 80km/h 以上时，会自动应用制动器以防止碰撞或减小冲击力。

图 3-13 高速公路 AEB

（3）行人保护 AEB（图 3-14）

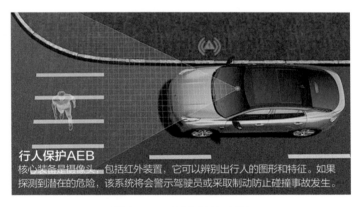

图 3-14 行人保护 AEB

除探测道路上的车辆外，还有一类 AEB 用来检测行人和道路上其他弱势群体。通过车上一个前置摄像头传来的图像，可以辨别出行人的图形和特征；通过计算相对运动的路径，以确定是否有撞击的危险。如果有危险，系统发出警告，并在安全距离内，制动系统采用全制动使车辆停止行驶。实际情况下，预测行人行为是比较困难的，系统控制算法也非常复杂。该系统需要在危险发生前更迅速地做出正确判断，更有效地做出响应，防止危险事态发生，同时也需要避免系统在特定情况下发生误触发。

（4）后方自动紧急制动（AEB 后部）

当汽车在倒车方向行驶时，会自动施加制动以防止碰撞或减小冲击力。

3.4 自动泊车系统（APS）

自动泊车系统（Autonomous Parking System，APS）是利用车载传感器探测周围有效泊车空间，并帮助驾驶员自动将汽车泊入目标车位处，完成车辆泊车操作的汽车辅助驾驶系统（图 3-15）。

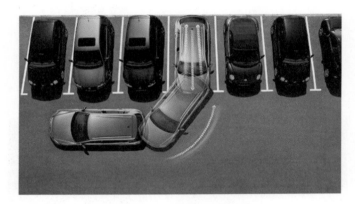

图 3-15 自动泊车系统

自动泊车一般分为横向泊车、纵向泊车以及斜向泊车，如图 3-16 所示。

横向泊车　　纵向泊车　　斜向泊车

图 3-16 自动泊车系统分类

　　自动泊车系统主要有感知模块、中央控制模块、运动控制执行模块，其运行过程可分为车位探测、路径规划、轨迹跟踪三步。

　　❶ 车位探测，借助车载传感器（如摄像头、超声波雷达等）来感知周围环境，确定障碍物的位置。通过对环境区域的分析和建模，搜索有效泊车位（图3-17），当找到可泊入的空闲车位后，等待驾驶员发送泊车指令。

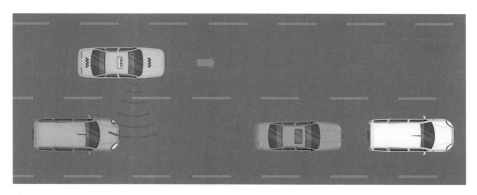

图 3-17　自动泊车车位探测

　　❷ 路径规划，驾驶员可以自主选择任意可泊入的车位进行自动泊车。汽车收到指令后，电子控制单元会依据汽车的尺寸大小、车位信息以及周围环境规划出能使汽车安全泊入车位的一条合理的泊车轨迹（图3-18）。

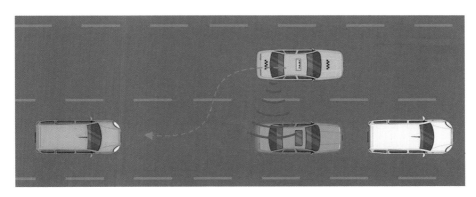

图 3-18　自动泊车路径规划

　　❸ 轨迹跟踪，通过协调控制油门、刹车、方向盘以及变速箱，自动操纵汽车，使汽车跟踪预先规划的泊车路径泊入车位（图3-19）。泊车过程中，避障系统会实时运行，避免碰撞到周围障碍物或者突然出现的行人及车辆。

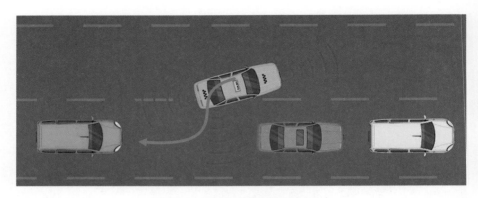

图 3-19　自动泊车轨迹跟踪

　　自动泊车系统对于驾驶新手来说是一项相当便捷的配置，不仅可以节省因停车不熟练所花费的时间，也可在一定程度上避免因停车发生的剐蹭事故。

第 **4** 章

自动驾驶技术

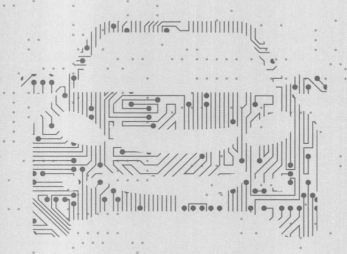

汽车行驶过程中面临的环境比较复杂，其中车辆本身状况、天气情况、道路情况、行人、动物、标识、突发状况等，可排列出多种复杂情形，尤其是在复杂的城市交通环境下。而汽车无人驾驶系统（包括感知层、控制层和执行层）能否非常可靠、极为准确、极其高效地处理这些状况，现阶段来讲还存在非常大的挑战，还需要长时间学习和测试。

首先，整个产业还远远没有达到成熟的地步，很多零件还没有达到车规级量产的要求。其次，自动驾驶方案还需要持续完善，而且除了等待算法成熟，还需要很多外界条件一起成熟，如商业模式、政策环境以及法律法规的健全等。

当前，自动驾驶可以分为以 Robotaxi/Robobus 为代表的载人场景，以高速干线、矿区、港口、末端配送为主的载货场景，以环卫清洁为主的城市保障场景。如果从自动驾驶商业化路径来看，以 Robobus、港口、矿区、高速干线为代表的商用车市场化的落地速度是最快的。因为这些商用场景相对简单，车辆路权清晰，容错率相对较高，通过示范运营的数据收集和优化，可以实现快速的复制。

要实现普遍意义的无人驾驶，将是一个长期过程，可能需要二十年，甚至三十年的发展历程。但是从短期来看，针对特定商用场景的无人驾驶正在步入生活，如出租车自动驾驶、公交车自动驾驶、物流车自动驾驶、矿卡自动驾驶、港口车辆自动驾驶等。

自动驾驶不会一蹴而就，而是要经历从工业领域到商用车领域，再到乘用车领域的发展过程。这背后也是自动驾驶场景从简单到复杂、从拉货到载人、从共享到私享的发展过程。

（1）从单一场景到复杂场景

目前，汽车无人驾驶系统在面对复杂环境时技术还不够成熟，暂时还难以大规模推广，但在某些特定商用领域有望率先开始应用。例如，公交、通勤、机场、园区、矿山、物流等（图4-1、图4-2），这些线路比较固定，环境相对简单，而且商用车的价值大，对高价智能驾驶系统的接受度相对较高。商用车运营客户迫切希望节省人工成本、提高驾驶安全性。

（2）从拉货到载人

近年来，技术研发实力领先的卡车制造企业在不同场合先后发声：商用车行业将是最适合率先实现自动驾驶运输车辆生产和使用的领域，如港口集装箱运输车辆、环卫作业车辆等。与乘用车比较，公路运输卡车（图4-3）作为商业运输解决方案的重要部分，其借助于信息技术和人工智能技术，达到同一车辆不同部分、车辆与车辆之间、车辆与基础设施和环境之间的通信和密切合作，

图4-1 无人驾驶物流配送车

图4-2 无人驾驶港口运输车

图4-3 无人驾驶卡车

除了提高安全性之外，在减少人工成本、提高运输效率等经济性方面的优势也非常具有吸引力。

（3）从共享到私享

如果说乘用车的自动驾驶属于私享自动驾驶，那么城际长途物流、城内载人运营算得上共享自动驾驶了。与私享自动驾驶相比，共享自动驾驶会发展得快一些。

自动驾驶出租车因具有减少人工成本而价格更低的优势，成为自动驾驶率先逐步落地的应用示范场景（图4-4）。Waymo现已向公众开放其在凤凰城市中心的无人驾驶打车服务。通用旗下自动驾驶公司Cruise也宣布，在美国旧金山提供收费服务。随着国内多个城市批准无人自动驾驶出租车上路载客，百度、小马智行、文远知行等企业也开启了商业化之路，在北京、广州、上海等地开启试点运行。

图4-4　无人驾驶出租车

4.1　交通拥堵辅助系统（TJA）

交通拥堵辅助系统（Traffic Jam Assistant，TJA）集成了自适应巡航、车道保持、自动紧急制动等部分自动驾驶功能，为复杂的拥堵路段提供辅助驾驶、自动完成跟车、车道保持等操作（图4-5），可有效缓解驾驶员疲劳。TJA是ACC功能的拓展版，可以跟ACC一样走走停停，但增加了轻微转向调整的功能。

图4-5 交通拥堵辅助系统

　　车距传感器和前置摄像头将前方车辆流量、道路边界、车道宽度、前车车距、自车的转向角等信息反馈给车距控制单元。车距控制单元根据内部算法，或者说标准，规划汽车什么时候该加速、减速直至刹停。发动机控制单元和制动控制单元根据规划的策略，对车辆实施加速、减速、刹停等控制指令；转向控制单元根据规划的策略，对车辆实施转向微调等控制指令；车载电控单元根据规划的策略，对车辆实施报警信号提示或信号解除等指令。交通拥堵辅助系统原理如图4-6所示。

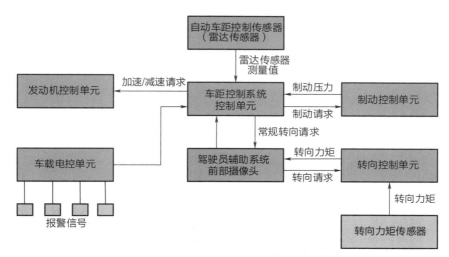

图4-6 交通拥堵辅助系统原理图

　　总体来说，TJA的轨迹预测过程包括对于静态环境的估计（如车道模型）、对于环境过程的估计（一般指车道环境中行驶的车辆），此外，还包括利用附加传感器（如导航信息、环视摄像头信息等）对 TJA 估计过程的优化。

TJA 的工作速度区间为 0 ~ 60km/h，在此速度范围内可为驾驶员提供车辆的纵向和横向辅助（图 4-7）。TJA 的纵向辅助由 ACC 系统实现，将自身车辆维持在固定的车速，或将当前车道的前方车辆作为参照物，来控制车速和车距。

图 4-7　交通拥堵辅助系统兼具横向和纵向控制

TJA 不允许驾驶员长时间脱手驾驶，在驾驶员接管的环境下，如转弯、路口、并道、前方车辆切入等，驾驶员需全权负责车辆的驾驶。

TJA 的横向辅助策略为：如果车道线存在，车辆会被维持在车道之内行驶，否则车辆会跟随前方车辆的横向移动行驶。横向的控制由 TJA 车道保持辅助功能来实现。

TJA 交通拥堵辅助主要适用于城市工况，环境非常复杂（图 4-8），如突然

TJA要应对城市工况下多种突发动态障碍物
（如突然横插进来的车辆或者行人）和静态
障碍物（如前面道路大坑、石块、垃圾等）。

图 4-8　交通拥堵辅助系统要应对多种工况

横插进来的车辆、行人等动态障碍物，又或者前面道路损耗有大坑、前面车道上有石块、垃圾等静态的障碍物。

4.2 高速公路自动驾驶（HWP）

高速公路自动驾驶（Highway Pilot，HWP）是指在有高精度地图覆盖的高速公路上实现定速巡航、自动超过行驶缓慢的车辆、自动换道、自动驶入和驶出高速公路匝道、自动跟车等功能（图4-9）。HWP功能开启后，通过完备的传感器识别自车及周边状态，通过系统规划决策行驶轨迹，自动控制车辆行驶。

图4-9　高速公路自动驾驶

HWP具有自动驶入和驶出高速公路匝道或立交桥岔路口，在高速上自动完成跟车、车道保持、自动选择最优车道、自动变道等功能（图4-10），保证车辆稳定驾驶。同时，HWP可应对突发情况，如交通锥桶识别/避让、故障车辆避让、变道自动紧急避让大货车、自动限速调节、夜间超车提醒，从而解决车辆安全驾驶问题。

高速公路结构化特征明显，使得自动驾驶相对容易实现，但是也因为高速公路的行驶速度高，对感知和控制的相应速度提出了更高的要求。虽然特斯拉采用摄像头的单车智能实现了高速无人驾驶，但是频繁的事故发生也暴露出了其弱点。因此，目前采用车路协同的技术路线，是实现高速无人驾驶的良好解决方案。

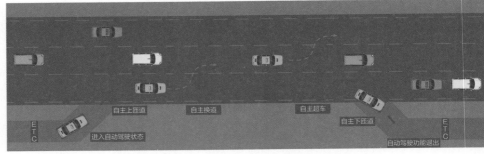

图 4-10　高速公路自动驾驶场景

　　高速自动驾驶的发展离不开激光雷达、毫米波雷达、卫星定位、惯导等硬件设备的使用，也需要感知、定位、规划、决策、数据存储等技术。为了让高速自动驾驶汽车行驶更加安全，还需要高精度地图、GNSS 定位等技术的加持；为了让高速自动驾驶汽车可以实现多场景、多范围行驶，智能网联技术的应用也变得更加重要。

　　相比于乘用车（图 4-11），商用车的行业痛点使其对自动驾驶技术的需求更为迫切。商用车作为重要的生产资料，成本、效益无疑成为推动技术应用的关键要素。近年来，随着油价的高位运行、驾驶员群体老龄化以及物流行业的低价"内卷"竞争，物流行业存在着成本亟须进行优化的现实困境，提升效率和降低成本是载货场景的主要落地动力。在这样的背景下，自动驾驶技术被看作是弥补驾驶员用工缺口、降低驾驶员工作强度、提升驾驶员舒适度、增强道路安全性和助力行业降本增效的有效途径，高速自动驾驶技术的应用也成为商用车行

图 4-11　乘用车高速公路自动驾驶

业发展的重要趋势之一，尤其是干线物流被认为是仅次于 Robotaxi 的第二大自动驾驶商业化应用场景。据统计，我国目前由中重卡承运的干线运输占到整体公路货运市场的 82%，全国中重卡保有量约 730 万台，体量居全球第一。而高速公路相对规范的道路环境和公路货运行业强烈的应用需求，使得干线物流被认为是特定场景之后将最快实现自动驾驶商业化落地的一个细分市场（图 4-12）。

图 4-12　干线物流将最快实现高速自动驾驶商业化落地

4.3　自动代客泊车系统（AVP）

找位难、停车难、取车难是现代城市生活的一大痛点（图 4-13），相信所有汽车用户，不管驾驶老手还是驾驶新手都会有这样的经历：在大型商场闷热的地下停车场里找不到停车位，或是找不到自己的车停在何处，浪费大量时间到处找车位（车），要是车辆能自动行驶到身边来该多好。自动代客泊车系统（Automated Valet Parking，AVP）正好解决了这个痛点（图 4-14）。

图4-13 停车难是目前社会面临的普遍问题

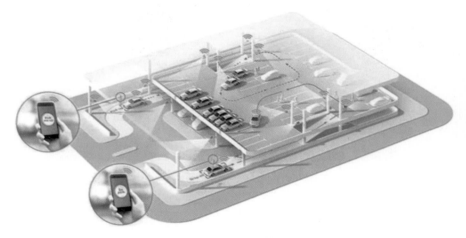

图4-14 自动代客泊车系统

作为自动驾驶在泊车场景下的应用，AVP实现的是全自动代客泊车功能，帮助用户节省大量的停车时间，解决高峰期排队停车的痛点。典型的AVP功能完整流程是：①用户到达停车场入口或附近，通过手机端开启AVP功能；②车辆接收到AVP功能启用指令，自行进入停车场，在停车场中找到可用的车位，并停在车位上；③用户需要用车的时候，通过手机端远程发出召唤，指定自己需要上车的位置；④车辆接收到召唤指令后，自行离开停车位，驶出停车场，到达指定位置，用户上车，如图4-15所示。

图 4-15　自动代客泊车过程

　　AVP 的完整功能可以拆解为四项关键子功能：一是手机与车辆的互联；二是车辆在停车场内寻找车位；三是车辆自动泊入车位；四是远程召唤车辆。

　　AVP 分为泊车和召唤两个场景。用户可通过车主 APP 实现一键泊车与召唤：启动一键泊车功能后，无人驾驶的车辆全程自主寻迹，可完成自动寻找车位和泊车入库（图 4-16）；启动一键召唤功能后，用户可提前召唤车辆自动驶出，前往指定位置等待（图 4-17）。

图 4-16　自动代客泊车（泊车）

图 4-17 自动代客泊车（召唤）

AVP 目前有场端和车端两种技术路线。基于车端智能技术路线（图 4-18）的优势在于对停车场依赖小，不改造或者简单改造停车场的标志、标线、光线和网络环境即可，适用场景广泛，更容易推广应用；劣势在于对感知、计算平台要求高，车辆成本高。

图 4-18 车端自动代客泊车系统

基于场端智能技术路线（图 4-19）的优势在于车辆不需具备线控能力，对车辆要求较低；劣势在于仅在改造过的停车场可用，范围受限，停车场投资较大，投资回报周期长。

图 4-19　场端自动代客泊车系统（泊车 AGV）

　　基于车场融合技术路线可以降低场端投资，车端和场端都具备一定的感知、定位和规划能力，可实现系统冗余，提高安全性。车场协同控制的 AVP 系统的总体方案如图 4-20 所示，主要由车端、场端、云端和手机端 4 部分构

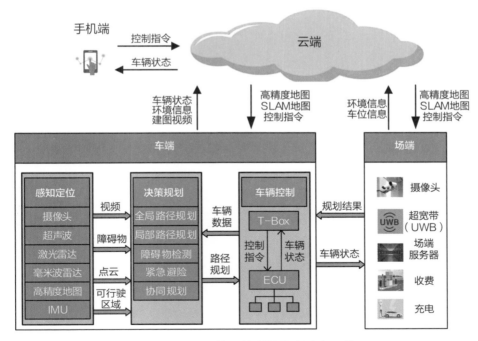

图 4-20　车场协同控制的代客泊车系统

成。如果去掉右侧的场端部分，就是基于车端智能的技术方案，在车辆上搭载环视、前视、后视、超声波雷达、激光雷达、毫米波雷达等传感器及高算力计算平台；如果去掉车端的环境感知和规划决策模块，就是基于场端智能的技术方案，在场端布置摄像头、激光雷达、UWB、场端服务器设备，实现障碍物探测、高精度定位和规划决策的智能化功能。车端、场端、云端及手机端四部分联合，就构成了完整的车场协同控制的代客泊车系统。车场协同控制因融合车端和场端功能的优势，可以联合自动地锁、自动充电、无线充电、自动洗车的基础服务，实现更加智能、安全、丰富的闭环生态场景。因此，车场协同控制是未来自动代客泊车技术的发展方向。

　　车场协同控制的代客泊车生态全景如图 4-21 所示。用户通过手机预约停车场车位，车辆行驶到停车场附近自动下载停车场高精度地图，进入停车场时，智能闸机开启，并完成与预约信息的匹配及初始定位。用户在电梯口下车，车辆开始自动驾驶，场端规划全局路径并实时监控道路情况，避开拥堵路段，同时场端提供辅助定位及辅助感知结果，与车端定位感知结果相融合，确保安全。车辆到达目标车位附近，智能地锁自动落下，车辆泊入预约车位。泊车入位成功后，通过无线充电或者自动充电手臂方式，接入智能充电桩开始充电，充满电后，AVP 车辆自动泊入非充电车位，从而空出充电桩供其他用户使用。用户需要用车时，通过手机启动自动接驾，车辆自动驾驶到用户所在位置，即反向寻车。最后用户驾驶车辆离开停车场，完成停车费用及充电费用无感支付。

　　车场协同控制的代客泊车系统打通了停车场基础服务、智能服务和充电服务，实现了自动泊车的场景闭环，应用前景极为广阔。

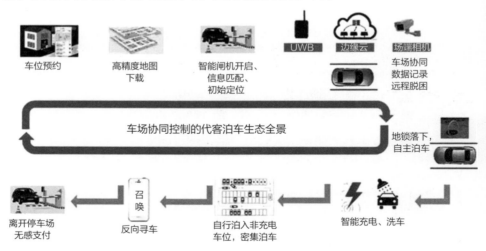

图 4-21　车场协同控制的代客泊车生态全景

4.4 人机共驾

在传统汽车时代，人驾驶着车辆，拥有 100% 的驾驶控制权。随着智能技术的提升，系统开始在部分场景接管驾驶，此时人负责观察环境，当危险情况触发后人为接管车辆。在这个时期，人和系统就像一对开着同一个机甲的搭档，共同完成驾驶这件事。直到完全自动驾驶技术来临，我们把驾驶权彻底交给系统这个"驾驶员"之前，都要面临人机共驾（图 4-22）。

图 4-22　人机共驾

人机共驾（Shared Autonomy）是指驾驶员与智能系统同时共享对车辆的控制，人机结合完成驾驶任务。与普通驾驶辅助系统相比，人机共驾智能车具有与人机相同的控制实体。

双方的受控对象是交叉耦合的，状态转换是相互制约的，要求系统具有更高的并行智力程度。该系统不仅能识别驾驶员的意图，而且能达到相同的驾驶决策速度，提高驾驶员的驾驶能力，降低驾驶员的操作负荷。

根据控制权分配方式的不同，人机共驾系统可以分为切换型和共享型人机共驾两种模式。在切换型人机共驾系统中，驾驶权被分时赋予驾驶员或机器；在共享型人机共驾系统中，驾驶权按照一定的权重被同时分配给驾驶员和机器。人机共驾驾驶模式切换如图 4-23 所示。

安全作为人、车、系统共同的基础需求，贯穿了人机共驾的全过程，不论是我们追求的速度与激情，还是周到的服务与体验，都建立在安全的基础上（图 4-24）。作为人机共驾的搭档，当我们在担心辅助驾驶功能是否可靠时，如

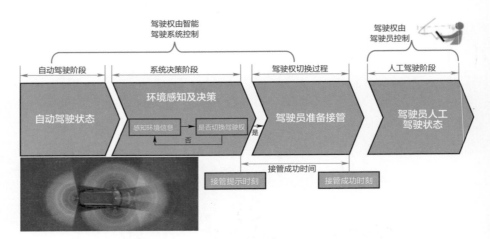

驾驶权由智能驾驶系统控制

驾驶权由驾驶员控制

| 自动驾驶阶段 | 系统决策阶段 | 驾驶权切换过程 | 人工驾驶阶段 |

自动驾驶状态

环境感知及决策

感知环境信息　是否切换驾驶权

否　是

驾驶员准备接管

驾驶员人工驾驶状态

接管成功时间

接管提示时刻　接管成功时刻

图 4-23　人机共驾驾驶模式切换

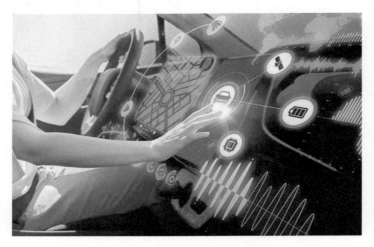

图 4-24　安全是人机共驾的基础

果汽车系统会思考，可能也在担心同样的问题：驾驶员可靠吗？他做好准备随时接手开车了吗？因此，人和系统间复杂的数据传输中，与安全有关的交互信息被排在第一位。

人与人之间通过语言、文字、动作、表情来沟通、传达信息，人与系统的沟通也一样（图4-25）。在座舱内，人通过眼睛看指示灯、仪表盘、中控屏幕的提示，通过耳朵听指示音，通过车内的预警系统提示那些驾驶员视角下不易被察觉的信息；同时，驾驶员也通过座舱内的按键、触屏、方向盘和刹车踏板，指挥辅助驾驶系统启动或是终止。

图 4-25　人机共驾信息交互

系统通过座舱内摄像头、近红外线等传感器，来收集驾驶员的表情、动作、仪态等信息，判断驾驶员是否处于走神、疲劳、打瞌睡，甚至无法驾驶等情况。

开启辅助驾驶功能后，得到适当放松的驾驶员要么会被手机、风景吸引，注意力分散，要么干脆疲惫来袭，开始困倦。当出现突发状况、需要驾驶员来接管车辆的时候，驾驶员可能无法及时察觉。这时候驾驶员监测系统（DMS）就能通过视觉进行监管，来保证驾驶员处在专注的状态。

当我们听到"自动驾驶"时，常常会自动带入变形金刚一般智慧、强大的形象。可是正在进化中的自动驾驶，远没有那么强大。在它的进化中，我们需要经历漫长的"人机共驾"阶段，这时的系统就像我们在游戏中的一个账号，从零技能开始，慢慢积累、修炼技能，我们也要慢慢适应与它的相处：从最初人类的包容、适应、遵守使用习惯；到系统逐渐强大后，为人类提供更多的驾驶辅助功能，越来越多地解放人类驾驶的时间和空间，提供更周到的服务和情感陪伴，直到有一天，系统可以完全自己驾驶车辆。

4.5　无人驾驶技术

目前，L2 级自动驾驶已经实现了商用和普及；2021—2025 年是 L3 级自动驾驶技术的时代，虽然以谷歌、百度为代表的企业已经实现了 L4 级别的自动驾驶，但实际应用范围都很局限；预计 2026—2030 年，L4 级自动驾驶技术或许能逐渐成熟，并实现商用。至于 L5 级的完全自动驾驶技术，则需要更长的时间才有望实现商用。

L5 级是自动驾驶等级最高级，L5 级自动驾驶汽车甚至都不会有方向盘或加速 / 制动踏板（图 4-26）。他们将不受地理围栏限制，能够去任何地方并完成任何有经验的人类驾驶员可以完成的操控。在该等级下，车辆在任何天气、任何路况（市区、高速，甚至乡间小道）下均能实现自动驾驶，此时用户只需输入目的地指令，剩下的交给汽车就行，用户可以睡觉、看书或者玩上一会游戏，完全不需介入车辆驾驶，旅途将会是前所未有的轻松舒服（图 4-27）。

图 4-26　无人驾驶甚至可以取消方向盘

图 4-27　无人驾驶使旅途变得轻松舒服

　　无人驾驶是汽车技术皇冠上的一颗明珠，是目前所能想到的汽车最高形态。除了市场和技术因素，各国无人驾驶交通法规的制定也是一大制约因素，围绕着无人驾驶肇事究竟谁该担责，至今喋喋不休。所以，就算技术上实现了无人驾驶，在它面前还有一个个困难需要去克服。

第 5 章

智能网联与智能交通系统

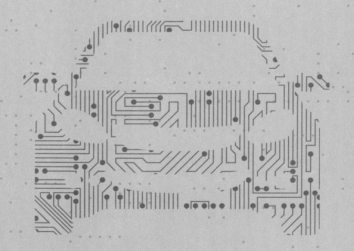

5.1 智能网联汽车

智能网联汽车（Intelligent Connected Vehicle，ICV）是指搭载先进的车载传感器、控制器、执行器等装置，并融合现代通信与网络技术，实现 V2X（X：车、路、行人及云端等）智能信息交换共享，具备复杂的环境感知、智能决策、协同控制和执行等功能，可实现安全、舒适、节能、高效行驶，并最终可替代驾驶员来操作的新一代汽车，如图 5-1 所示。

图 5-1　智能网联汽车

智能网联汽车涉及整车零部件、信息通信、智能交通、地图定位等多领域技术，属于一种跨学科、跨产业的新兴汽车体系。它可以实现更安全、更环保、更便捷的出行方式和综合解决方案，是国际公认的未来发展方向和研究热点。

智能网联汽车可以从三个维度进行分析，即"智能""网联""汽车"。"智能"是指搭载先进车载传感器、控制器、执行器等装置，并且具备复杂环境感知、智能决策等功能；"网联"主要是指汽车具备信息互联互享的能力，即采用新一代移动通信技术（LTE-V、5G），实现车辆内部、车辆与车辆、车辆与基础设施、车辆与行人、车辆与云端的信息交互；"汽车"指的是燃油汽车或者是新能源汽车，未来以新能源汽车为主。目前，智能网联汽车的主要判断依据为是否配备 V2X 通信功能，如果不存在，则不是真正意义上的智能网联汽车。

智能网联汽车是车联网与智能汽车的交集，智能网联汽车 = 自主式智能汽车 + 网联式智能汽车，如图 5-2 所示。车联网是实现智能网联汽车、智能交通系统（Intelligent Transportation System，ITS）的核心技术，如图 5-3 所示。此外，车联网还能够为驾乘人员提供丰富的车载信息服务，并服务于汽车智能制造、电商、后市场和保险等各个环节。智能网联汽车本身具备自主的环境感知能力。此外，它也是智能交通系统的核心组成部分，是车联网体系的一个节点，通过车载信息终端实现与人、车、路、互联网等之间的无线通信和信息交换。

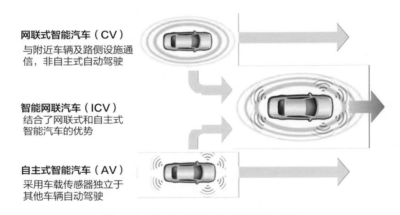

图 5-2　智能网联汽车相关概念关系

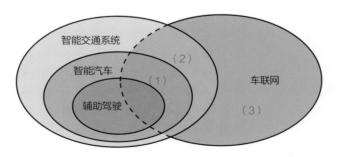

（1）协同式智能车辆控制（智能网联汽车）
（2）协同式智能交通管理与信息服务
（3）汽车智能制造、电商、后服务及保险等

图 5-3　智能网联汽车是车联网与智能汽车的交集

在网联化层面，按照网联通信内容的不同，可将智能网联汽车划分为 3 个等级，如表 5-1 所示。

表 5-1　网联化分级

网联化 等级	等级名称	等级定义	控制	典型信息	传输需求
1	网联辅助 信息交互	基于车 - 路、车 - 后台通信，实现导航等辅助信息的获取，以及车辆行驶与驾驶员操作等数据上传	人	地图、交通流量、交通标志、油耗、里程等信息	传输实时性、可靠性要求较低
2	网联协同 感知	基于车 - 车、车 - 路、车 - 人、车 - 后台通信，实时获取车辆周边交通环境信息，与车载传感器的感知信息融合，作为车辆自动驾驶决策与控制系统的输入	人与系统	周边车辆 / 行人 /非机动车位置、信号灯相位、道路预警等信息	传输实时性、可靠性要求较高
3	网联协同 决策与控制	基于车 - 车、车 - 路、车 - 人、车 - 后台通信，实时并可靠获取车辆周边交通环境信息及车辆决策信息，车 - 车、车 - 路等各交通参与者之间信息进行交互融合，形成车 - 车、车 - 路等各交通参与者之间的协同决策与控制	人与系统	车 - 车、车 - 路间的协同控制信息	传输实时性、可靠性要求最高

从表 5-1 可以得出，汽车网联化等级越高，汽车网联化程度就越高。目前，市面上已量产汽车产品的网联化水平尚停留在 1 级水平，部分实验室阶段的产品也只能达到 2 级。

智能网联汽车是智能汽车、智能交通、车联网技术融合产生的汽车系列。智能化包括交通管理系统、智能道路、智能交通设施等；车联网是汽车智能化、网联化的重要载体（图 5-4）。

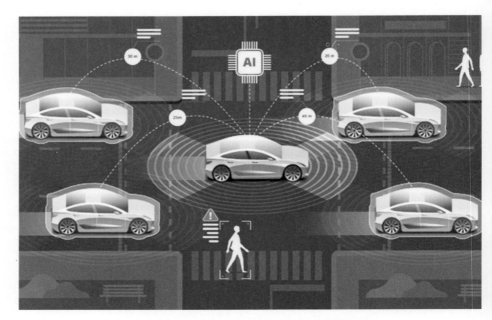

图 5-4　车联网是智能化和网联化的载体

5.2　车路协同系统

　　车路协同系统（Cooperative Vehicle Infrastructure System，CVIS）是指基于无线通信、传感探测等技术进行车路信息获取，通过车 - 车、车 - 路信息交互和共享，实现车辆和基础设施之间智能协同与配合（图 5-5），达到优化利用系统资源、提高道路交通安全、缓解交通拥堵的目的。

　　车路协同系统由智能车载系统（On Board Unit，OBU）、智能路侧系统（Road Side Unit，RSU）和通信平台三个核心部分组成。其中，OBU 负责车载端的海量数据实时处理和多传感器数据融合，保证车辆在各种复杂的情况下稳定、安全行驶；RSU 负责路况信息搜集与边缘侧计算，完成对路况的数字化感知和就近云端算力部署；通信平台负责提供车 - 车、车 - 路间实时传输的信息管道，通过低延时、高可靠、快速接入的网络环境，保障车端与路侧端的信息实时交互。三者构成智慧交通场景下的车路协同闭环，V2X 是车路协同系统核心技术，如图 5-6 所示。

图 5-5　车路协同系统

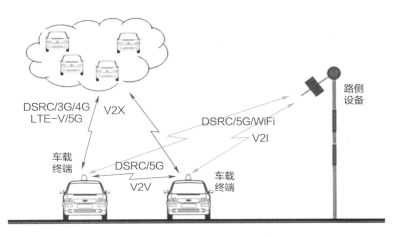

图 5-6　车路协同系统组成

（1）智能车载系统（图5-7）

智能车载系统是汽车智能化的重要组成部分，它主要负责车载端的海量数据实时处理和多传感器数据融合，保证车辆在各种复杂的情况下稳定、安全行驶。在当前发展的LTE-V2X和新一代5G-V2X信息通信技术的支撑下，实现车与车、车与路、车与行人、车与云端之间的全面信息交互。整个智能车载系统关键技术主要包括车辆精准定位与高可靠通信技术、车辆行驶安全及环境感知技术、车载一体化系统集成技术。

图5-7　智能车载系统

（2）智能路侧系统（图5-8）

在车路协同体系中，通过部署智能设备收集路侧信息，通过多通道交通流量监测、道路信息采集、路面湿滑状态信息采集、交叉口行人信息采集、突发

图5-8　智能路侧系统

事件快速识别定位提供多通信交通状态信息辨识与采集。整个系统的运转流程是：将通过架设在道路侧传感器感知到的实时道路信息与车辆共享，使车辆拥有超视野感知能力，提供较全面的路侧环境信息，与车辆进行信息数据共享，同时将车侧信息收集至云端，最终进行应用。

（3）通信平台

通信平台是车路协同中的连接管道，其功能是提供车与车、车与路间实时传输信息，在低延时、高可靠、快速接入的网络环境中，保障车端与路侧端的信息实时交互。在无线广域网、无线局域网、专用短程通信等通信模式的支持下，利用高速车辆环境下稳定高效的切换及路由技术、密集车辆场景下公平高效的多信道接入控制技术、稀疏场景下可信可靠的信息融合技术、车辆动态分簇融合技术、路侧通信设备的位置优化技术，兼容各种无线网络协议的多模式连接技术，实现高速移动状态下的多信道、高可信、高可靠车路/车车信息交互与融合。

其中，云控平台是车路协同中的指挥者，是支持智能网联汽车实际应用需求的基础支撑平台，主要有云控基础平台和云控应用平台。云控平台的主要作用是面向智能汽车及其用户、管理及服务机构等服务对象提供车辆运行、基础设施、交通环境、交通管理等动态基础数据，以及高性能信息共享、高实时性云计算、大数据分析、信息安全等基础服务机制，如图5-9所示。云控平台可有效增强智能网联驾驶服务能力，减少交通事故伤亡概率和交通拥堵时间，提高交通效率。

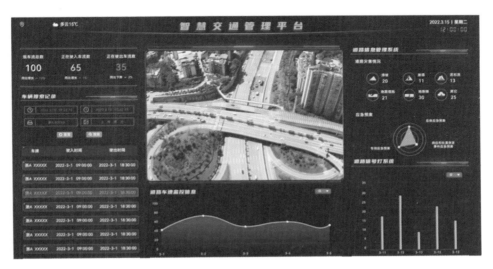

图5-9　云控平台

车路协同应用领域广泛，主要有交通信号灯控制、运输管理、交通信息管理、施工警示、气象服务等。典型的车路协同应用场景如图 5-10 所示。

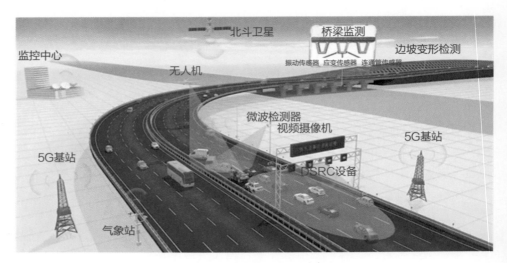

图 5-10　典型车路协同应用场景

5.3　交叉口通行协同控制技术

交叉口是事故频发路段，据相关数据统计，每年交叉口交通事故死亡人数占总交通事故死亡人数的 20%。针对此问题，交叉口通行协同控制技术应运而生，其突出特点是交叉口实现网联化。该技术能够较好地提高交通运行的安全性和效率，减少汽车的能耗，也是解决城市交通拥堵问题的有效手段之一。

交叉口通行协同控制技术是一种以 V2X 技术为前提，在智能网联化的交叉口环境下，综合车载传感器获取的车辆行驶状态信息和智能路侧获取的交通流信息，协同控制车辆在交叉口行驶的技术（图 5-11）。该技术涉及车辆动力学、交通规划、网络通信、协同控制等领域知识，是一项学科交叉融合的技术。

交叉口通行协同控制系统主要基于 V2X 技术，采用智能网联的思想，在车与路之间建立实时通信系统。交叉口通行协同辅助过程为：交叉口通行协同控制系统采集路侧传感器检测的各种路况信息数据（道路状态、交通流量、行人状态），然后将这些数据发送给路侧控制单元处理和决策，得到当前

图 5-11　网联化交叉口通行协同控制技术

交叉口的实时状态，包括行人碰撞风险、车辆碰撞风险、交通信号灯状态，如图 5-12～图 5-14 所示。路侧控制单元再通过特定通信技术将当前交叉口的状态发送给过往车辆，以此迫使车辆做出相应加减速或变道的动作，进而实现在不停车或少停车的情况下安全地通过交叉口。该技术可以合理地授予交叉口通行的路权，通行效率及安全性大大提高。

图 5-12　交叉口通行协同系统行人碰撞预警

图 5-13　交叉口通行协同系统发送信号灯数据

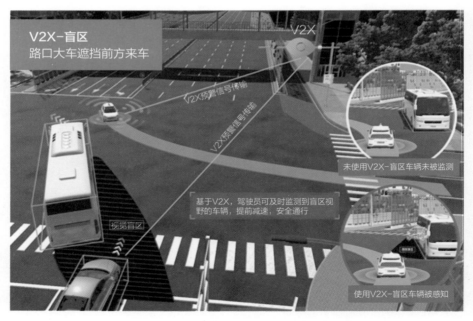

图 5-14　交叉口通行协同系统车辆碰撞预警

交通系统是一个复杂多变的系统，而交叉口作为城市交通的"咽喉"，对城市道路的正常运行起着十分重要的作用。交叉口可分为有信号灯控制的交叉口与无信号灯控制的交叉口。车辆在有信号灯控制的交叉口通行需要遵守信号灯规则，通行较为有序，可较好地解决交通冲突。车辆在无信号灯控制的交叉口通行不再受信号灯的约束，主要依靠到达顺序和路权的优先级决定通行的先后顺序（图 5-15），这种情况可以较好地缩短交叉口的通行时间。

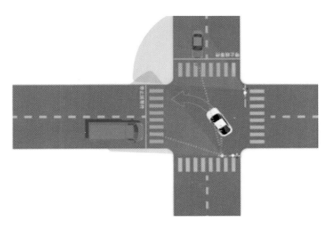

通过车路协同控制，实现自动驾驶车辆在无信号灯交叉口的协调通行

图 5-15　无信号灯路口有序通行

5.4　协同式队列行驶

车辆协同式队列行驶功能（Platooning）主要应用在高速公路场景。该功能是指两辆及以上的车辆列队行驶，头车提供路线、速度以及位置信息，队列中的后车通过自动加速、减速和转向跟随前车的路径，并且与前车保持相对的安全距离（图 5-16）。

头车由驾驶员驾驶，后车尽管有驾驶员在车内，但是当功能开启时，车辆可以自动跟随前车行驶。后车的驾驶员可以在任意时刻选择加入或者退出车辆队列。后车驾驶员也可以通过干涉加速踏板、方向盘、制动踏板等使车辆退出队列行驶功能。

图 5-16　协同式队列行驶示意图

协同式队列控制架构如图 5-17 所示。

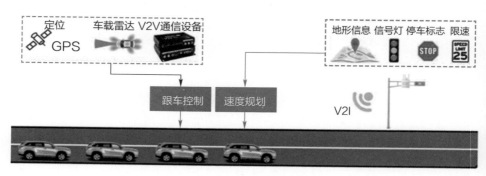

图 5-17　协同式队列控制架构

智能车队协同控制主要采用 5 种协作策略，分别是巡航、跟随、换道、组合与拆分策略（图 5-18）。巡航策略是指如果车辆是领航车，应该在指定的车道内，按照给定的车速，并与前方车辆保持安全的车间距。这些给定数据包括车速、车间距、车道位置等，是通过车路通信由路侧管理设备发送过来的，并利用车 - 车通信传送到车队的每一辆车中。巡航策略主要解决车队速度控制和车队内通信协议的问题。跟随策略是指如果车辆是跟随车，不仅要与前车保持较小的车间距，并且需要保持所处车道的位置。跟随策略应包括油门和制动的控制，以及方向盘的控制。换道策略是指车辆试图改变自己所处车道位置的策略，主要体现在车辆的横向控制上，并需要考虑车流量、换道时间、换道距离、横向加速度等参数。组合与拆分策略反映了车辆群体协作性，需要依靠车队间通信支持，主要分为本车道与跨车道两种情况。在本车道内，组合和拆分策略比较简单，只需要保持稳定的速度以及策略执行所需的车间距；跨车道的情况比较复杂，首先需要依靠车队间的通信建立自组织网络，确定队内所处位置或离开位置，其后车辆降低车速，保持策略执行所需的安全车间距，从而实现跨车道组合与拆分策略。

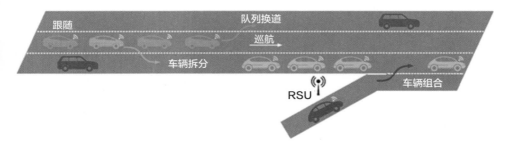

图 5-18　智能车队协同控制策略

此功能主要应用于高速物流卡车行业，可以：

❶ 减少燃油消耗，节省燃料成本（图 5-19）。以三车队列行驶为例，车间距控制在 13m 左右，燃油经济性可以提高 2% ～ 15%。

❷ 提升交通安全水平。相比驾驶员，系统通过此功能可以实现更快速地制动，也可以减少驾驶员由于长途驾驶导致的疲劳。

❸ 提高驾驶员时间利用率。传统的长途物流车辆，一辆车需要配备 2 名驾驶员，有队列行驶功能的车辆，后车只需要 1 名驾驶员即可，可以降低物流成本。

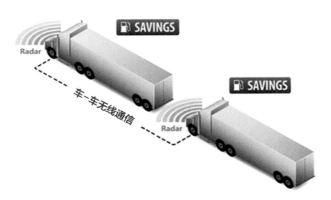

图 5-19　协同式队列行驶可有效节能

车辆协同式队列行驶技术使得复杂的交通控制得以简化，交通可组织性也同时增强，起到了缓解交通拥堵，提高道路通行能力的作用（图 5-20）；车辆队列行驶依靠车路协同系统调整所有车辆使单体的性能保持一致，将交通流状态调整为最佳状态，有效地减少了由人为驾驶行为因素造成的交通事故，保证了车辆行驶的安全性。基于以上优点，车辆协同队列行驶技术成为解决交通安全问题、提高交通效率的新方法。

图 5-20　协同式队列行驶可提高通行效率

5.5 大数据与智慧出行

如今，人们的出行越来越离不开大数据（图 5-21）的帮助：利用电子地图，初来乍到的游客可以在陌生的城市自由行走；利用手机导航，人们可以找到出行的最佳路径；驾驶员通过语音导航，知晓前方道路情况，避免堵车或者超速违章；通过在软件平台上实现一键查看空余车位、一键预约；等等。大数据技术正在以前所未有的速度改变人们的生活方式。

智慧出行也称智能交通，是指借助移动互联网、云计算、大数据、物联网等先进技术和理念，将传统交通运输业和互联网进行有效渗透与融合，形成具有"线上资源合理分配，线下高效优质运行"的新业态和新模式，并利用卫星定位、移动通信、高性能计算、地理信息系统等技术实现了城市、城际道路交通系统状态的实时感知，准确、全面地将交通路况，通过手机导航（图 5-22）、路侧电子布告板、交通电台等途径提供给百姓。

图 5-21 大数据

图 5-22 利用手机导航实现智慧出行

借助于 V2X 以及移动互联网技术，道路上的车辆无时无刻不在通过网络发送各类数据，包含位置、速度、转向以及车内各个传感器的状态信息。红绿灯也不停地进行着相位和时间的发送，交警部门也不停更新着地面上传感器上传的交通流量数据，摄像头也上传着路口以及道路的监控信息，行人、共享单车、出租车也上传着自己的位置和目的地、兴趣点等数不胜数的数据量。

（1）路径导航

将大数据应用于智能交通出行中，可以有效提高人们的出行效率，大数据集成信息的快速性和实时性，可以帮助人们出行时实时了解道路交通情况。人们利用大数据技术条件下的手机导航软件（图 5-23），不仅可以规划时间最短的路线，还能规划费用最少的路线。

图 5-23　路径导航

以实时道路交通信息服务中出租车上传的 GPS 数据为例，通过对这些 GPS 数据进行每天、每周、每月甚至每年的轨迹分析计算，可以得到区域性、周期性交通流的趋势预测，以及该区域的交通热点图。对热点图进一步分析改进，能够缓解分散热点，从而达到均衡发展和疏导交通流，降低用户预约车辆以及车辆到位的时间，提升公共出行的体验以及提高交通效率等目的。

（2）健康监测

车载健康监测系统为驾驶员建立专属的健康档案，记录各项健康指标和生命体征的长期变化（图 5-24），实现智能健康管理。可以在行车过程中对车舱乘员进行主动检测，一旦发现异常指标，系统会自动预警。还可启动汽车紧急呼叫 eCall 系统，与救援中心建立电话连接，以便对车舱乘员身体状态进行更准确的判断，从而在第一时间采取救助等措施。在驾驶员身体异常不能正常驾驶的情况下，可以第一时间启动自动驾驶功能，接管车辆进行安全驾驶。

（3）智慧公交

智慧公交系统如图 5-25 所示。用户通过手机软件能够查询车辆实时位置、等候时间、车厢满载率等关键信息。同时，依靠智慧公交系统的调度功能，可使车辆到达的准点率直线升高，从而给人们带来更好的出行体验。

图 5-24　健康监测

图 5-25　智慧公交

通过神经网络进行深度学习，对交通大数据进行智能处理，可以实现在数十秒内完成数十亿规模的交通大数据可视化分析、对交通流的实时预测，以及自动切换调配信号灯的配时，从而获得最优的通行效率。

5.6　未来智能交通体系

智能交通系统（Intelligent Transportation Systems，ITS）将汽车、驾驶员、道路以及相关的服务部门相互连接起来，并使道路与汽车的运行功能智能化，从而使公众能够高效地使用公路交通设施和能源。

通过 V2X 技术将各个服务功能域细化并对应多个 V2X 应用场景，定义所要收发的消息和使用的信号，并定义信号间的逻辑，将对具体落实整个方案起到实际的指导意义。通过车路协同新型平台，将数据交互、协同、接口、分析多种功能集成为一体，通过大数据、云计算和人工智能对整个交通拥堵情况做出正确的分析和预估，动态实时地对交通流进行管控，最终实现零拥堵的愿景（图 5-26）。

图 5-26　智能交通系统可实现零拥堵

未来交通一定是多维度的，只有不断"升维"，才能为解决城市交通出行问题提供更好的支持。随着人工智能、自动驾驶技术的发展，未来的路将是"聪明的路"，车将是"聪明的车"。"聪明的路"加"聪明的车"，在车路协同的技术发展的情况下，为交通、安全、绿色、智慧以及整个交通的管理做更多的应用。自动驾驶汽车的轨道是虚拟的、由调度中心设定并分发的线路，与民航系统中的航路相近。

当我们想要出远门的时候，完全可以不用自己开车，只需要走到家附近的"自动道路预同行区域"，通过智能设备呼叫"共享自动驾驶汽车"（图 5-27）。上车后，车辆就能根据预设线路，安全高效地将你送达目的地。

图 5-27　共享自动驾驶汽车

其实，从"轨道交通"的设想出发，未来电动车的续航问题也可能会得到很大程度的改善。例如，在"自动驾驶道路"上，会有一条"充电车道"（图 5-28），在车辆还有电的情况下，调度系统不会让你驶向这条车道。当车辆电量低于某个限定值的时候，系统会自动让车辆在这条道路上行驶。此时，通过道路预埋的无线充电系统或者说是移动充电缆，就能实现车辆行驶过程中的对接补能，解决纯电动汽车的续航焦虑问题。

图 5-28　充电车道

在如今的互联网、5G 时代，智能汽车和智能家居联系得愈加紧密。目前，智能汽车和智能家居能进行双向交互（图 5-29），共同为我们的生活赋能。智能汽车对家居的控制主要体现在对空调、净化器、扫/拖地机器人、电动窗帘等设备控制；同时，我们在家里也可以实现对车辆的空调、车灯、胎压、座椅等设备进行调节，还可以在家里监测和控制车辆的状态、位置、安全（保养、故障）等信息，就如同坐在车里一样。

图 5-29　智能汽车可与智能家居互联

用户还可以自定义回家模式，在距离家还有一定的距离时即可触发，可以设定一键开启或关闭家中的关联设备（图 5-30）。例如，在炎热的夏季，回家前 10 分钟可自动开启空调，离家后可以自动关闭空调。

图 5-30　智能汽车定义家居回家模式

甚至有一天，系统可以主动获取、判断用户的需求，将服务自动推到用户面前。当用户进入座舱的时候，系统已经根据过往的使用习惯和数据，得到几种推荐的驾驶模式，用户只要点击一个按钮，选择"公务座舱"还是"睡眠座舱"（图5-31、图5-32），就可以一键设定驾驶舱模式。

图 5-31　公务座舱

图 5-32　睡眠座舱

或许在不远的将来，汽车可以飞上天空，在蓝天自由地翱翔，如图5-33所示。

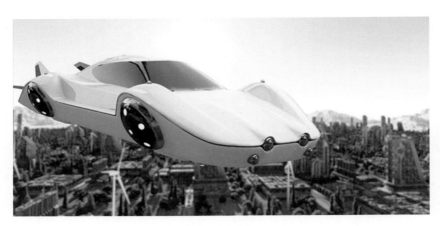

图 5-33　飞行汽车

　　其实，在我们的畅想之中，未来无拥堵、无事故的道路交通并非无法实现，只不过这需要投入巨大的人力、物力和财力，从车辆的规范化、标准化再到自动驾驶技术的普及，甚至是智能道路基础建设的完善，每一环都需要做好。但是我们相信，随着技术的发展和进步，今天所畅想的交通模式，总有能够实现的那一天。

　　人们出行乘坐的无人驾驶汽车在其专属道路范围内行驶，永远没有交通拥堵，天很蓝，每座城市都是一座花园城市。这是由智慧交通概念想象出来的未来城市美好场景，令人无限向往。

参考文献

[1] Laferrieres S. Sensor and data management for autonomous vehicles: from technologies to markets[R]. France Yole Development Market Research, 2015.

[2] 刘岩. 车载激光雷达的建模及应用研究 [D]. 长春: 吉林大学, 2020.

[3] Park W J, Kim B S. Parking space detection using ultrasonic sensor in parking assistance system[C]//IEEE Intelligent Vehicles Symposium Eindhoven University of Technology Eindhoven, 2008: 1039-1044.

[4] Artis J P, Kenkemian S. The radar in the automotive domain[J]. Annaliese Telecommunications/ Annals of Telecommunications, 2005, 60 (3-4): 326-356.

[5] 张雨辰. 3D 激光雷达系统设计与应用 [D]. 北京: 北方工业大学, 2018.

[6] 李鑫. 面向汽车智能驾驶的毫米波雷达建模与仿真研究 [D]. 长春: 吉林大学, 2020.

[7] Bi X, Zheng M, Wang W, et al. A Multi-function Automotive MMWave Radar Design [C]// SAE 2016 Driving Technology of Intelligent Vehicle Symposium, 2016: 1-4.

[8] Zhao S, Liu Y. Research on The Multi-target recognition of millimeter wave LFMCW automotive anti-collision radar[C]//Proceedings of the 2014 International Conference on Mechatronics, Electronic, Industrial and Control Engineering, 2014: 11-17.

[9] 潘卫国, 陈英昊, 刘博, 等. 基于 Faster-RCNN 的交通信号灯检测与识别 [J]. 传感器与微系统, 2019, 38 (9): 153-155, 166.

[10] 马超. 基于立体视觉的障碍物检测研究 [D]. 长沙: 中南大学, 2014.

[11] 蓝龙. 基于目标检测的视觉多目标跟踪技术研究 [D]. 长沙: 国防科技大学, 2017.

[12] Liu L, Chen X, Zhu S, et al. CondLaneNet: a Top-to-down Lane Detection Framework Based on Conditional Convolution[C]//Proceedings of the IEEE/CVF International Conference on Computer Vision, 2021: 3773-3782.

[13] Su J, Chen C, Zhang K, et al. Structure Guided Lane Detection[C]//IJCAI, 2021: 997-1003.

[14] 魏振亚, 汪明磊. 自动泊车的超声波车位探测系统研究 [J]. 农业装备与车辆工程, 2013, 51 (4): 26-29, 46.

[15] 仇旭, 朱浩, 邓元望. 基于超声波雷达的改进车位检测算法研究 [J]. 中国机械工程, 2020, 31 (14): 1747-1753.

[16] Ho G J. Semi-automatic Parking Slot Marking Recognition for Intelligent Parking Assist Systems[J]. The Journal of Engineering, 2014, 1: 106-113.

[17] 徐国艳, 牛欢, 郭宸阳, 等. 基于三维激光点云的目标识别与跟踪研究 [J]. 汽车工程, 2020, 42 (01): 38-46.

[18] Ruchay A N, Dorofeev K A, Kalschikov V V. Accuracy analysis of 3D object reconstruction

using point cloud filtering algorithms[C]//Proceedings of the 5th Information Technology and Nanotechnology, 2019.

[19] Ma W C , Tartavull I, Bârsan I A, et al. Exploiting Sparse Semantic HD Maps for Self-Driving Vehicle Localization[C]//IEEE/RSJ International Conference on Intelligent Robots and Systems, 2019.

[20] 韩东 . 基于高精地图的视觉定位技术的研究 [D]. 深圳：中国科学院大学（中国科学院深圳先进技术研究院），2021.

[21] 程保喜 . GNSS 与惯性导航组合系统在复杂环境下的定位研究 [J]. 中北大学学报（自然科学版），2021，42（01）：89-96.

[22] Chen S Z, Hu J L, Shi Y, et al. Vehicle-to-everything（V2X）services supported by LTE-based systems and 5G[J]. IEEE Communications Standards Magazine, 2017, 1（2）: 70-76.

[23] Chen S Z, Hu J L, Shi Y, et al. A vision of C-V2X: Technologies, field testing and challenges with Chinese development[J]. IEEE Internet of Things Journal, 2020, 7（5）: 3872-3881.

[24] Wang J Q, Huang H Y, Li K Q, et al. Towards the Unified Principles for Level 5 Autonomous Vehicles[J]. Engineering, 2021, 7（9）: 1313-1325.

[25] 何清 . 浅析大数据在智能交通出行中的应用 [J]. 智能城市，2019，5（14）：9-10.

[26] 诸葛，刘悦琛 . 交通更智能出行更简单 [J]. 走向世界，2022（16）：26-29.

[27] 李妙然，邹德伟 . 智能网联汽车技术概论 [M]. 北京：机械工业出版社，2019.

[28] 崔胜民，俞天一，王赵辉 . 智能网联汽车先进驾驶辅助系统关键技术 [M]. 北京：化学工业出版社，2019.